मनुष्य होने के संस्मरण

मनुष्य होने के संस्मरण

देवी प्रसाद मिश्र

चित्रांकन

हेम ज्योतिका

राजकमल प्रकाशन

ISBN : 978-93-94902-83-1

मूल्य : ₹ 595

पहला संस्करण : 2023

प्रकाशक : राजकमल प्रकाशन प्रा. लि.
1-बी, नेताजी सुभाष मार्ग, दरियागंज
नई दिल्ली-110 002
शाखाएँ : अशोक राजपथ, साइंस कॉलेज के सामने, पटना-800 006
पहली मंजिल, दरबारी बिल्डिंग, महात्मा गांधी मार्ग, प्रयागराज-211 001

वेबसाइट : www.rajkamalprakashan.com
ई-मेल : info@rajkamalprakashan.com

यश प्रिंटोग्राफिक्स
नोएडा-201 301 (उत्तर प्रदेश)
द्वारा मुद्रित

MANUSHYA HONE KE SANSMARAN
Stories by Devi Prasad Mishra

अन्य कथाओं की यह किताब
छोटी बहन कुसुम
बड़े भाई राधाकृष्ण
छोटे भाई बद्री दत्त
के लिए
यह याद करते हुए कि दुःख-सुख के
कितने ही वृत्तांत-क़िस्से-किहिनी हमने
कहे, सुने और सहे

क्रम

अन्य कथाओं का अन्यत्व

बचपन में मैंने कभी पढ़ा कि प्रेमचंद ने 300 से ज़्यादा कहानियाँ लिखीं। यह बात मेरे मन में रह गई और जब मैंने कुछ लिखने-पढ़ने की राह ली तो लगा कि लेखक वही जो उत्कृष्ट तो लिखे ही, अधिक भी लिखे। लेकिन फिर मुझे यह भी लगा कि इतनी संख्या में कहानियाँ क्या सचमुच मैं लिख पाऊँगा?

इन कहानियों को लिखते हुए एक पड़ाव पर पहुँचकर जब मैंने स्थूल-सा आकलन किया तो पता लगा कि मैं किसी सम्मानित लगने वाली संख्या तक पहुँच गया हूँ : मेरे लिए यह भी बड़ी बात थी। लेकिन कहाँ प्रेमचंद की कहानियों का समय, आकार, और प्रकृति और कहाँ ये अल्पाकार कथाएँ ! दोनों के ढाँचे अलहदा हैं। मनुष्यता को अर्जित करने के मूल लेखकीय आग्रह यदि सार्वकालिक हों भी तो विन्यास अलग हैं।

लेकिन इन छोटी कहानियों का भी इस संख्या तक पहुँचना मुझे चकित करता रहा है। ख़ास तौर पर इसलिए भी कि इन्होंने अंकित होते जाने के लिए सालों लिये। इन्होंने मुझे डिरेल किए रखा। इसीलिए मैं इनके लिए फ़्लैश फ़िक्शन जैसा कोई नाम जो हाल में बहुत छोटी कहानियों के लिए पश्चिम में इस्तेमाल किया जाने लगा है, अनुपयुक्त मानता हूँ। क्योंकि, रचना कोई भी हो, वह इलहाम की कौंध होती तो है लेकिन वह क्षिप्र संवेग एक विचार सरणि से गुज़रकर अपना स्थापत्य आयत्त

करता है। इसलिए यह कोई आकस्मिक कौंध कथा नहीं है।

ये कहानियाँ प्रेमचंद की परम्परा में शायद न मानी जाएँ—वे हैं भी नहीं। लेकिन हैं वे किसी प्रेमचंदीय हठ का सातत्य ज़रूर! किसी प्रतिश्रुति का नैरंतर्य। मेरे लिए यह बात मानीख़ेज़ है।

बरसों पहले इलाहाबाद में मैंने लाल रंग की एक बही ख़रीदी—एक ऐसी नोटबुक जो हिसाब-किताब के लिए इस्तेमाल की जाती है। वह लाल नोटबुक मुझे रूप-रंग में बहुत खींचने वाली लगी थी। बहुत छोटी कहानियों के लिखने की शुरुआत उस नोटबुक से हुई। कहना चाहिए कि जिस बही का उपयोग व्यापार और पैसा-रुपया बटोरने और बढ़ाने के लिए किया जाता है, मैंने उसमें बहुत छोटी कहानियाँ लिखनी शुरू कीं और कह लीजिए कि अकिंचन होने का विकल्प चुना। मैं लगातार ग़ुलामियत से भागता रहा। नौकरी कमोबेश आधुनिक दास प्रथा है लेकिन यह दास प्रथा इस बेगाने साभ्यतिक तंत्र को चलाती है और मनुष्य-विरोधी, निर्विकल्प लगने वाली नियतिमूलक अवस्थितियों का निर्माण करती है। जान पड़ता है कि इन कहानियों में उस सामूहिक दासत्व की शिनाख़्त होती दिखती है—बाज़ दफ़ा उससे बाहर आने की कारगुज़ारियों की आहट भी यहाँ मिल जाया करती है।

बहुत जल्दी लग गया कि इन छोटी-छोटी कहानियों के उत्स छोटी-छोटी घटनाओं और अनुभवों के बड़े निहितार्थों में हैं। तो कथा कहीं भी, कभी भी दिख और सूझ सकती है। मैं भूल न जाऊँ इसलिए ज़ेहन में आई कहानियों के शीर्षक या संकेत या विचार को हथेली पर लिख लिया करता हूँ। यह प्रसंग तब तक पूरा नहीं होगा जब तक यह न बता दूँ कि मैं कई बार कहानी का वन लायनर भूल जाया करता हूँ। ऐसा भी हुआ कि हथेली में लिखा कहानी का विचार पसीने या हाथ धोने से मिट गया। तब मैं किस यातना से गुज़रा, कह नहीं सकता। इन बातों को कहकर मैं यह कहना चाह रहा हूँ कि यह अल्पाकार कथा-प्रविधि नई वस्तु के आविष्कार में मदद करती रही। जो छोटा

था, वह अनुपेक्षणीय होता गया मेरी रचनासृष्टि में। यह छोटे का बृहदत्व था। जो विकेन्द्रित और बिखरा है, उसको बटोरने के लिए निकलना था यह। इस प्रक्रम ने मुझे जो मानवता और उदात्तता बख़्शी, वह अनिर्वचनीय है।

ये कहानियाँ तद्भव, पहल, जलसा, नवभारत टाइम्स, नया ज्ञानोदय, सदानीरा और पक्षधर में इसी क्रम में छपीं। कुछ कहानियाँ मैं छपने के लिए नहीं भेज पाया। इनमें से लगभग सभी छपी कहानियों को मैंने फिर से लिखा। यह मेरे लेखकीय कारोबार का हिस्सा रहा है कि मैं छपे हुए को भी उसी रूप में अमूमन स्वीकार नहीं कर पाता। बाद में भी कुछ-न-कुछ करता रहता हूँ। इस तरह की मरम्मत में कहानी का मूल स्वर वही रहा या नहीं, यह दावा नहीं कर सकता। तो पुनर्लेखन मेरे लिए लिखे हुए को सुधारने का मामला ही नहीं रहा है, वह लिखे हुए का एक बार फिर से संधान सरीखा है। पुनर्लेखन में तात्त्विकता को पाने की सम्भावना और आन्तरिकता बढ़ जाती है। यह काम जर्मन दार्शनिक लुडविग विटगेंस्टाइन ने किया जिन्होंने अपने परवर्ती ग्रंथों में अपनी पुरानी निष्पत्तियों की नई व्याख्या की। इस मामले में ज़िज़ेक का उदाहरण मानीख़ेज़ है जो सेल्फ़-प्लेजियरिज़्म को कृतिकारिता के लिए सकारात्मक मानते हैं। मैं अपने से अपने को चुराता रहता हूँ ज़िज़ेक को थोड़ा-बहुत जानने के पहले से ही।

पढ़ते हुए पाठकों को लग जाएगा कि इन कहानियों का सीधा नाता जातक कथाओं, कथासरित्सागर, हितोपदेश, पंचतंत्र, बेताल पचीसी, अरेबियन नाइट्स और ईसॉप की कथाओं या फ़ेबलों के साथ नहीं है—फिर भी यह मुमकिन है कि इनकी कोई गूँज किसी को सुनाई दे जाती हो। मैं जानता हूँ कि कावाबाता और काफ़्का ने छोटी कहानियाँ लिखीं। नोबेल पाने वाले कावाबाता का फ़ेबल मुझे अपनी ओर नहीं खींच पाया। काफ़्का की छोटी कहानियाँ अमूमन कथाविरुद्ध हैं। वे आख्यायिका नहीं हो पातीं। अवधारणात्मक होना उनकी क्रिएटिव

नियति है। वे भाषिक अमूर्तन की महनीयताएँ हैं। जब मैंने इन कहानियों को लिखना शुरू किया था तो मुझे यह लगा कि मैं इन महान् लेखकों से प्रेरित नहीं हो पा रहा। इसके निहितार्थ यह थे कि अपनी बात को अपने तरीक़े से, अपने सांस्कृतिक सन्दर्भ में कहने से बेहतर कुछ नहीं है। और लोककथा की अनुगूँजों ने इन्हें कब आप्लावित कर दिया, पता ही नहीं चला।

कई बार ये कथाएँ मंत्र के शिल्प में फुसफुसाती-सी हैं। लेकिन थोड़ा भी ध्यान दिया जाए तो पता लगेगा कि हिन्दी जातीयता की घबराहट के छोटे-छोटे भूचाल यहाँ हैं। ये वंचितों लेकिन आविष्कारकों का उपकथन हैं। किसी विचलित की आख्यायिका। इन कहानियों की तात्त्विक संरचना काव्य की है—उसका वैराग्य और मुक्तिकामी स्वप्नों की खलबली। किसी संपूर्णता या यूटोपिया को पाने की उद्विग्नता। कोने, अँधेरे, बियाबान में पड़े हुए का घटाटोप यहाँ है। इनमें परित्यक्त का दुःख है। परिव्राजक का भटकाव। अनुगूँज और प्रतिध्वनि। ये लूटे जाते, निर्धन होते और उजाड़े जाते हिन्दुस्तान से पैदा होती आहटों और हरकतों से भरी दुनिया को रजिस्टर करने की कोशिशें हैं। ठगे जाने का दंश तो है ही, स्त्री-प्रश्नों की जटिलता और अकुलाहट भी यहाँ है। आदिवास की सीमान्त पुकारों और जाति से नष्ट होती परम्परा और साम्प्रदायिक घृणा से उपजती यातना कथा-क्रम का स्वतः ही हिस्सा बनते रहे हैं। पूरे काम को जब थोड़ी दूरी से देखता हूँ तो लगता है कि युग और कृति के बीच जो नैसर्गिक और आवयविक सम्बन्ध होता है, वह यहाँ है। युग भी दिखेगा और कृति की स्वतंत्र सत्ता का काव्योन्मुख ग़ुरूर भी।

हिन्दी में बहुत छोटी कहानियों की ट्रैजेडी यह होती है कि वे चुटकुला बनने के डेंजर ज़ोन में रहती हैं और बन भी जाती हैं चुटकुला। हिन्दी की अधिकांश लघुकथा ट्रैजिक को चुटकुले में बदल देने के लिए कुख्यात है। इन कहानियों का हिन्दी की लघुकथा से कोई लेना-देना

नहीं है—आकार यदि अन्तिम कसौटी न हो तो। हिन्दी की लघु कथाएँ अन्त से चकित कर देने की मनोग्रंथि से संचालित होती हैं। इसीलिए ये लघु कथाएँ नहीं, अन्य कहानियाँ हैं। अन्य कथा। काव्याख्यान। मेरे संवादधर्मी सुहृत् कथाकार अखिलेश ने एक बात के प्रसंग में कहा कि हिन्दी की लघु कथा किसी भी बड़ी अन्तर्वस्तु का संहार करने में हमेशा समर्थ दिखती है।

इन कथाओं के ढाँचे को पाने का मामला काफ़ी संगीन था जो बरसों में धीरे-धीरे मिल पाया। मैं अनिश्चित जाने-अनजाने कविता और कहानी के बीच में कोई जगह तलाशता रहा ताकि अपने समय के संस्तरवान संश्लिष्ट-संकुल को कह सकूँ। इस तरह कविता में कथा और कथा में कविता बचती रही। ज़ोर देकर दोबारा कह दूँ कि चकित करने वाले विन्यास में लिखी जाती निष्कर्षवादी लघु कथा तो यह क़तई नहीं है। ये कथाएँ मुझे ज़ंजीरें तोड़ने की ख़ुशी देती हैं और तब मैं एक आविष्कारक के उजाड़ और उल्लास में भटकता हूँ। ये अन्य कथाएँ हैं जिनका अन्यत्व इनका बियाबान है, और इनके पात्रों का निर्वासन भी जो आसपास के जातिवादी पूर्वग्रह, अजनबीपन, अन्यत्व-अदरनेस और अन्यीकरण-अदरायज़ेशन, संतुलनवाद, सत्तात्मक विन्यास, गिरोहात्मक पारस्परिकता, असमानता और विषमता, धार्मिक हिंसा, सर्वानुमतिवादी बौद्धिक पर्यावरण, आविष्कार विरोध, दमन और सेल्फ़ सेंसर और तरह-तरह से स्वतंत्रता के अपहरण से पैदा होता है। कह लीजिए कि ये प्रतिकथाएँ हैं—यथार्थ के समानान्तर अतियथार्थ और यूटोपिया में घूमती-भटकती रूहानियत। अन्य कथा नवता के आग्रहों से निसृत हुई लेकिन धमनियों में रक्त की तरह नैसर्गिक होती गई। इनका लेखन और पुनर्लेखन एक ऐसे समय में हुआ जब हिन्दी का सामान्य पर्यावरण नवता-विरोधी रहा है, और आलोचकीय परिदृश्य गतानुगतिकता, रूढ़ि, अमौलिकता, स्थापित-विस्थापित करने के नारसिस्टी अहंवाद, औसतपन, अविश्वसनीयता, बौद्धिक

कायरता, अकादमिक सूझहीनता, गिरोहवाद और छद्‌म वर्चस्व के डरावने दुष्चक्र में फँसा है।

पिछले दो ढाई दशकों से हिन्दी में बहुत लम्बी कहानियों का जो दौर आया उसने अन्तर्वस्तु के स्तर पर कुछ बहुत बुनियादी काम किया लेकिन फिर यह हुआ कि इस प्रविधि के चलते बहुत सारा गारबेज भी पैदा हुआ। वह लेखकीय गुंडई के मुज़ाहिरे का टूल भी बनती गई। वह बौद्धिक आतंकवाद, फ़्रौरी वृत्तान्तों, फेंकू नैतिकता, शब्दाधिक्य, आत्ममुग्ध आत्मालापों, लेखक के परसनल इशूज़ को सेटिल करने का उलारू शववाहन बन गई। कहना यह चाहता हूँ कि हिन्दी कहानी साडिज़्म के नैरेटिव से भर उठी। इसलिए भी छोटे में कहने की ऐतिहासिक अनिवार्यता को रेखांकित करने की ज़रूरत है। यशस्वी सम्पादक और कथाकार और मेरे अवधी सखा अखिलेश ने जब इन्हें तद्‌भव में पहली बार छापा तो मुझसे बातचीत के बाद उन्होंने इन कहानियों को देवी प्रसाद मिश्र की अन्य कहानियाँ जैसे पद = term से रेखांकित किया। पहल में ज्ञान जी ने अन्य कहानियाँ और हेलमेट नाम की मेरी एक लम्बी कहानी छापी जो तमाम अन्य कहानियों से भरी थी। मैं अन्य से ऑबसेस्ड=आविष्ट रहा हूँ लगभग वैसे ही जैसे, बहुत विनम्रता से कहूँ तो, शमशेर 'कुछ' को लेकर रहे थे जो उनकी कविता पुस्तकों के शीर्षकों कुछ कविताएँ तथा कुछ और कविताएँ में झलकता है। अन्य मेरे लिए वह है जो मुख्य नहीं है। वह सीमान्त है। वह गुमशुदा और साधारण है। वह विकट और विराट नहीं है। वह अदर के तौर पर देखा जाता है। वह अन्य है। इस परिघटना के बाद एक बंधु ने अन्य कविताएँ लिखनी शुरू कर दीं और एक वय-वृद्ध लेकिन अब न रहे कवि ने अपने अन्तिम कविता संग्रह का नाम दिया और अन्य कविताएँ। इन कथाओं के छपने के बाद इन जैसा काफ़ी कुछ आया कविता और कथा दोनों में। मुझे इस लेन-देन से परहेज़ नहीं है।

इन कथाओं की पहली खेप 2010 में तद्‌भव में तब छपी जब वे बरसों

मेरे साथ अपने होने को गुज़ार चुकी थीं। पहल के आख़िरी अंक में ये कथाएँ 2021 में छपीं जबकि पक्षधर में 2022 में। कह लीजिए कि मेरा विश्वास इस शिल्प और प्रविधि में बना रहा और इसका बहुत सुसंगठित आकार बनता रहा। मेरे लिए इस प्रविधि के साथ फ़्लर्ट करने का मामला नहीं था। कि कुछ कह लिया और आगे बढ़ गए। यह कौंध और रिफ़्लेक्सेज़ का मसला नहीं था। मेरे पास इस शिल्प की एक दार्शनिक, वैचारिक और मनोमय भावभूमि बनती रही जो अनुपेक्षणीय होती गई और मेरे रचना-संसार से निबद्ध। कि अगर ये हैं तो मैं हूँ! यह एक सुसायडल पारस्परिकता थी। लेकिन इस बार-बार मरने में मुझे गहरी परितृप्ति हो रही थी। आस्तित्विक अर्थमयता की अन्तरंगता जो कविता लिखने से कम गहन और आलोड़नकारी और अभिप्रायमूलक नहीं थी। मैं दासता, अहंकार, प्रेम, श्रम, डर और विघटन वग़ैरह पर बहुत-सी बातें इसलिए कहने लग गया क्योंकि उन्हें अन्य कथा के ढाँचे में कह रहा था। इस फ़ॉर्मेट में एक आभ्यंतर होता ही है। आत्मन्। और जैसा कि कह आया फ़ॉर्मेट और विन्यास एक उद्भावक भूमिका निभाने लगता है। कोई दो राय नहीं कि इस प्रारूप का आकर्षण अदम्य है, और संभावनाएँ अक्षय्य!

कोई भी यह देख सकता है कि यह अन्तर्वस्तु को लेकर मारा-मारी का समय है—कितना कुछ है जो कहा-सुना जा रहा है। बहिष्कृत-निर्वासित-उत्पीड़ित के अन्यत्व की आवाज़ों ने हिन्दी को गहन मानवीय वाक्यों और ध्वनियों से भर दिया है। कह लीजिए यह समय केवल आह्वान और पुकारों का ही नहीं मूर्ति-ध्वंस, माँगपत्रों, शिकायतों और असहमतियों का भी समय है—उपेक्षणीय समझे जाने वाले उपाख्यानों को कहने का समय और अल्पश्वासी माने जाने वाले अनुभवों की महत्ता को पहचानने का समय! क्षीणकाय किसी अन्तर्कथा को कहने की फुसफुसाहट। कानाफूसी करके एक दुःख या दुविधा को कहने का काल—महाख्यान के महिमामंडित, आभामय और स्तंभनकारी महाकायत्व की बजाय उपकथा की विनम्र सीमांतता! केन्द्रीकरण के

तमाम प्रयत्नों के बावजूद यह विकेन्द्रित और विखंडित समय है। यह विच्छिन्नता जिस डिसेंटरिंग का नतीजा है, उसने कितने ही आख्यानों को जन्म दे रखा है, कितनी ही कहानियाँ कहे जाने के लिए आकुल हैं। सामाजिक हलचल के कितने ही उपाख्यानों और बिखरे-छिटके के कहन के लिए ही अन्य कथा है। इनमें अपने समय की विभक्तता, उलट-पलट, विखंडन और हिंसा को कहने की ही क़ुव्वत नहीं है, पारस्परिकता के सामाजिक उदाहरणों को समोने का कवितात्मक आयतन भी है। आकार में कमतम होने के बावजूद ये फ़ेसबुक और ट्विटर के फ़ौरीपन का नतीजा नहीं हैं। संरचना की पुख़्तगी इनमें दिखती है बावजूद इसके कि आकार में ये बहुत छोटी रही हैं। युगीन संकट की अंतर्वस्तु को कहने की एक नई कथात्मक प्रविधि में कहने के आग्रहों से अन्य कथाएँ पैदा होती हैं जिनमें नियंत्रण, सत्ता के एकाधिकार, अकारथ श्रम, जाति, नस्ल और स्त्री पक्ष की सामाजिक यातना के वृत्तांत आयरनी और उद्विग्नता, आकुलता और आलोड़न, पराजय और पुनर्प्रत्ययन, अनुभूति और आग्रह के साथ आते-जाते रहते हैं।

कहना पड़ेगा कि अन्य कथाओं के अनुभव मूलतः देहानुभव हैं। उस देह के अनुभव जिसे राज्य अनुकूलित बनाए रखने के लिए नियंत्रित करता है कि वह प्रतिकूल न हो। देह प्रेम और दंड दोनों के काम आती है तो प्रतिकार के काम भी आ सकती है। देह पर ही सब कुछ गुज़रता है। नागरिकता का उत्पीड़न देह के नीलेपन और पीलेपन में दिखता है। यह देह एक अदृष्ट कारागार में बन्द है। अभिजन और बाद में मध्यवर्गीय ऐस्थेटिक्स इस तरह रचे गए कि जैसे देहानुभव अभिजन की रति के अनुभव ही हों और भूख और प्यास और स्वतंत्रता का अपहरण उस अनुभव से निष्कासित हो। लेकिन नागरिक देह तो एक अदृष्ट कारागार में बन्द है। समाजार्थिक विषमता से गुज़रती भारतीय देह जो झेलती है वे डिटेंशन कैंप के सर्वेलेंस, निर्बुद्धिकरण, निर्बलीकरण और दरिद्रीकरण की दृष्ट-अदृष्ट यातनाएँ हैं।

अन्य कथा इसीलिए अन्यान्य की कथा है क्योंकि वह केन्द्रित की नहीं, जो सीमान्त और लापता है, उसकी कथा है। बन्दी देह के अनुभव और इस कारावास से बाहर आने की युक्तियों के वृत्तान्त! ये कवितात्मक कथाएँ और कथात्मक कविताएँ हैं जो वैकल्पिक मनुष्य के लिए साकांक्ष हैं।

उम्मीद है कि मनुष्य होने के संस्मरण **की अन्य कथाओं को आख्यायिका ही नहीं कविताओं की तरह भी सचेतनता के अलावों के इर्द-गिर्द बैठकर पढ़ा-सुना-कहा जाएगा।**

उम्मीद यह भी है कि अन्य कथाओं की अगली जिल्द जल्द आएगी।

देवी प्रसाद मिश्र

अकेले आदमी की नींद

बहुत थका एक दिन जब मैं पुराने-से होटल के रिसेप्शन के आगे खड़ा था तो लगा कि होटल की पूरी इमारत गिर सकती है।

रिसेप्शन पर बैठी स्त्री ने कहा कि मैं जिस कमरे में ठहरने वाला हूँ, वह पहली मंज़िल पर है।

मैंने बिना किसी ख़ास वजह के पूछा कि इमारत में तीसरी या चौथी मंज़िल भी है क्या। उसने मेरी बात का जवाब नहीं दिया। मैं उससे बात करना चाहता था लेकिन यह जानना आसान नहीं था कि वह क्या चाहती थी।

मेरा सामान लेकर एक लड़का ऊपर जा चुका था। वह ख़ुश था कि कोई होटल में रुकने के लिए आया है।

मैं लकड़ी की सीढ़ियों पर चलने लगा तो मुझे लगा कि मैं अपने होने की आवाज़ें सुन रहा हूँ जो इस बीच मुझ तक नहीं आती थीं।

अपनी आवाज़ों से मैं बहुत वाक़िफ़ था भी नहीं—
उनकी गूँज और उनके अवसाद से।

ये उस आदमी की आवाज़ें थीं जो किसी के साथ नहीं हो पाता था, जिसके साथ कोई नहीं आता था।

मैं अकेले आदमी का निनाद था।

सफ़ाई और रूम फ़्रेशनर डालने के बावजूद कमरे में उन लोगों की गंध थी जो कभी-कभार कमरे में आकर रुके थे।

बहुत सस्ते-से होटल में बहुत सस्ते-से कंबल को अपने ऊपर डालकर मैं पड़ा रहा।

अचानक मुझे लगा कि कंबल में किसी और की साँस चल रही है।

फिर यह लगा कि इसमें किसी और का पसीना महक रहा है।

फिर कंबल में लिपटे किसी के बाल दिखे।

मेरे साथ कोई और लेटा है, यह लगा।

मैंने कंबल के अन्दर क़ैद हवा में हताशा की बू महसूस की।

एक घुमड़।

एक तड़प।

कोई कोहराम।

थकान।

मुझे लगा कि कोई किसी बड़ी यात्रा पर निकलने के पहले आराम कर रहा है या कि बहुत लम्बी यात्रा के बाद उठना ही नहीं चाह रहा है।

मुझे लगा कि अपनी से ज़्यादा मुझे उसकी नींद की परवाह है।

उस न जानी गली में

उस समय रात थी और कमरे में रौशनी कम थी।

चश्मा उतारने के बाद सब कुछ और धुँधला हो गया था।

स्त्री की साँवली देह उस धुँधलके में गुम होती दिख रही थी। लेकिन सस्ती-सी क्रीम और ख़ून जैसी लिपस्टिक उसे ग़ायब नहीं होने दे रहे थे। बीच-बीच में स्त्री की हँसी सुनाई देती थी, और आँवले का तेल महक जाता था जिसने कमरे की हवा को भारी बना रखा था।

आदमी ने स्त्री के पेट पर हाथ रखा तो उसे लग गया कि वह एक सतायी स्त्री का शरीर था।

वह उसके रोमों को महसूस करता रहा। वे सख़्त थे।

नाभि चौड़ी और गहरी थी और त्वचा बहुत पुराने लिहाफ़ जैसी। उस आदमी को लगा कि उसकी निराशा बढ़ गई है।

उस आदमी ने बहुत जानने की इच्छा से पूछा कि इस दुनिया में दुःख ज़्यादा है कि सुख। स्त्री ने अवसाद से भरी हँसी हँसते हुए कहा कि सुख में हो तो सुख ज़्यादा लगता है और दुःख में हो तो दुःख। लेकिन सुख निश्चिंत नहीं कर पाता और दुःख के संस्मरणों से मुक्त नहीं कर पाता तो लगता है कि दुःख ज़्यादा है।

आदमी ने कहा कि घर में चूहे बहुत हैं तो स्त्री ने न सुनी जाती आवाज़ में कहा कि घर में भूख बहुत है।

तुम्हारा होना अच्छा लग रहा है लेकिन पुरुष पर विश्वास करने की वजहें कम हैं, उस स्त्री ने कहा।

तुम भारी हो, आदमी ने ऊपर आई स्त्री से कहा और उसे नीचे लाते हुए उसके ऊपर आने की कोशिश करने लगा।

स्त्री भारी होती है। पुरुष हल्के होते हैं। स्त्री ने हँसकर कह दिया।

आदमी ने कुछ नहीं कहा लेकिन फिर पूछा कि सच भारी होता है कि झूठ।

होता होगा सच भारी लेकिन दबाता तो झूठ है, स्त्री ने बहुत कड़वाहट से कहा।

वह जहाँ आया है, संताप और स्वतंत्रता वहाँ किसी नुक़्ते पर मिलते है : ऐसा आदमी ने सोचा।

आदमी को लगा कि प्रेम करने में दाँत की वजह से दिक़्क़त हो रही है तो उसने अपने नक़ली दाँतों को निकालकर रख दिया।

देर रात गए वह घर पहुँचा तो पता लगा कि चश्मा तो नहीं, दाँत वह भूल आया था। उस अजानी स्त्री के पास।

वे अच्छे क़िस्म के दाँत थे और उसने उस समय लिये थे जब उसकी माली हालत ठीक थी। अब उसके पैसे ख़त्म थे और वैसे ही दाँत वह अब ख़रीदने की हालत में नहीं था।

वह लौटा कि उस स्त्री से मिलकर दाँत वापस ले आएगा। लेकिन वह तो रात के अँधेरे में आया था और अब वह घर मिल नहीं पा रहा था। न ही वह स्त्री।

गली भी वह भूल गया था।

वह कभी इस गली में भटकता और कभी किसी अजाने घर में घुस जाता। वह किसी भी कोठरी में घुस जाता।

सेक्स मज़ूरिनें हँसतीं और कहतीं कि लोग यहाँ दिल भूल कर जाते हैं और तुम दाँत भूल गए हो।

इस हँसी-ठट्ठे के बीच वह दाँत की खोज में भटकता रहता। कि जैसे वह अपने होने का मिथक खोज रहा हो।

सलीक़े से मर जाने का वृत्तांत

वे दोनों रेलगाड़ी के दरवाज़े पर आकर खड़े हो गए। रेलगाड़ी दौड़ी जा रही थी।

रास्ते दिखते थे और लापता हो जाते थे।

पेड़ इस तरह की भागम-भाग में थे कि जैसे एक पेड़ दूसरे पेड़ को पकड़ने के लिए दौड़ रहा हो।

एक आदमी ने कपास के खेत देखे तो दूसरे आदमी से कहा कि हमारी तरफ़ भी कपास ख़ूब होता है लेकिन पौधे कुछ ज़्यादा फैले होते हैं।

फिर वह कहता रहा : हमारी तरफ़ मिट्टी थोड़ी काली है और कोसों चले जाओ, लोग भी काले ही दिखेंगे और कितने तो ख़ूबसूरत, रात के पहले प्रहर की तरह।

उसने दूर जाते फिर बार-बार बग़ल से झाँय-से गुज़रते बबूल के पेड़ों को देखते हुए थोड़ा बिहँसते हुए कहा कि हमारे तरफ़ की स्त्रियाँ बबूल के पेड़ों की तरह होती हैं—कम पत्तों और ज़्यादा काँटों वाली। साँवली, और अँधेरी रातों जैसी रहस्य-भरी।

उसने यह भी कहा कि कम पत्तों से यह मत समझना कि वे कम कपड़े पहनती हैं। वे बहुत सारे कपड़े पहनती हैं और उतारने में बहुत समय लेती हैं। इस बीच वे बताती भी रहती हैं कि देह को छूने के पहले मन को छूना कितना ज़रूरी होता है। देह के गेह में दाख़िल होने के

पहले की तीन-चार दहलीज़ों का भी ज़िक्र उसने किया। इसके बाद भी छूने की कोशिश करो तो काँटे बचा-बचा के। यह सब बता के वह हँसता और रोता रहा जैसा कि अमूमन संस्मरणों के बयान के दौरान हुआ करता है।

दूर दो लोग एक ही साइकिल पर चले जा रहे थे—एक आदमी कैरियर पर बैठा था और दूसरा साइकिल चला रहा था।

उसने कहा कि हमारी तरफ़ दोस्तियाँ हमारी तरफ़ मिलने वाली काली मिट्टी की तरह चिपक जाने वाली होती हैं। एक बार दोस्ती हो जाए तो छुड़ाने से भी न छूटे।

फिर रेलगाड़ी से गेहूँ के खेत दिखने लगे। लगातार बोलते आदमी ने कहा कि हमारे यहाँ...हमारे यहाँ गेहूँ के पौधे इन पौधों से कहीं बड़े होते हैं।

उसने दोनों हाथों से बताया कि गेहूँ के पौधे कितने बड़े होते हैं।

दोनों हाथों से बताने की उत्तेजना में उसने दोनों हाथों से हत्थों को छोड़ दिया और चलती रेलगाड़ी से नीचे आ गिरा और मर गया।

दूसरा आदमी जो उसके साथ था उसने रेलगाड़ी की चेन खींचते हुए और रोते हुए सोचा कि स्मृतियाँ ज़िन्दा रहने में मदद करती हैं और सलीक़े से किसी यात्रा में मर जाने में भी।

आदमी और पेड़

मेरा दरवाज़ा किसी ने खटखटाया तो मुझे लगा कि दरवाज़े पर हवा है। मैंने हवा के लिए दरवाज़ा खोला। लेकिन जो दरवाज़ा मैंने हवा के लिए खोला था उससे मैंने रौशनी को अन्दर आते देखा और एक बूढ़े को दरवाज़े पर खड़ा हुआ पाया। वह झुका था। शायद उसका सिर दरवाज़े से लग रहा था और दरवाज़ा खुला तो वह लगभग गिर-सा पड़ा।

अपने को सँभालते हुए उसने कहा कि लगा कि दरवाज़ा नहीं खुलेगा।

मुझे लगा था कि दरवाज़े पर हवा होगी, मैंने बताया।

मैंने हमेशा हवा होना चाहा, उसने कहा।

मैंने उस बूढ़े को अक्सर देखा था। एक दिन वह नीम के पेड़ के नीचे बैठा हुआ मिला। उसने मुझे इस तरह से देखा कि मैं उसे देखता हुआ खड़ा हो गया। उसने एक बड़ी ख़बर की तरह मुझे बताया कि सोसायटी में 23 बच्चे हैं। मुझे उसका यह कारोबार दिलचस्प लगा।

किसी और दिन जब यह ख़बर आई थी कि भारत ने परमाणु अस्त्र वाली मिसाइल का सफल परीक्षण कर डाला है तो उसने बताया कि सोसायटी के तेईस बच्चे एक अकेले जामुन के पेड़ के पत्तों को गिनने के लिए राज़ी हो गए हैं।

मुझे लगा कि वह इतना मौलिक किस तरह से है।

एक और दिन वह मिला तो कहने लगा कि वह जीवन को समेटने में लगा है। मैं उसे देखता रहा तो उसने कहा कि इसका मायने यह नहीं है कि वह मृत्यु के बारे में सोचता रहा है या कि कितने लोग उसकी अंत्येष्टि में आएँगे।

वह बहुत ढीले कपड़े पहनता था और बहुत धीरे चलता था। एक शाम वह जानना चाहता था कि दिल्ली में सड़क को पार करने का डर पृथ्वी को पार करने के संशय से बड़ा कैसे हो गया।

एक रोज़ रात में हैलोजेन लाइट में पार्क में मैं बच्चों को क्रिकेट खेलते देख रहा था तो वह अँधेरे से निकलकर आया और उसने कहा कि वह पूरे जीवन छक्का नहीं मार सका। उसने जब भी मारा तो वह कैच आउट हो गया।

ऐसा क्यों हुआ—उसने यह पूछा और ख़ुद ही इसका उत्तर भी दिया : मुझमें सन्तुलन नहीं था। लेकिन सन्तुलन से क्या मिलता है?

फिर एक दिन उसने कहा कि खेल में गेंद का खोना ज़रूरी है।

एक और दिन जब मैंने दरवाज़ा खोला तो लगा कि वह और दिनों से ज़्यादा झुका था।

उसने कहा कि आप तेज़ संगीत बजाते हैं।

मैं यह समझ नहीं पाया कि उसे यह ठीक लगता है या बुरा।

मैंने कहा कि आप क्या चाहते हैं। उसने कहा मैं नहीं जानता।

वह आदमी अन्दर आकर बैठ गया। उसने पूछा कि क्या यह आपका रोना है। यानी कि संगीत।

उसने फिर पूछा कि क्या यह आपका हँसना है यानी संगीत तो मैंने कहा कि मैंने इस तरह से संगीत के बारे में नहीं सोचा।

मैंने सोचा वह कहेगा कि वह गाने की सीडी चाहता है।

लेकिन उसने अपनी जेब से अपना मामूली रिकॉर्डर निकाला।

उसने कहा कि उसने जामुन के पेड़ के बीच से गुज़रती हवा और चिड़ियों की आवाज़ों को रिकॉर्ड किया है।

कमरे में हवा और चिड़ियों की आवाज़ें गूँजने लगीं।

अचानक दरवाज़े पर बहुत सारे बच्चे इकट्ठा हो गए थे जो बूढ़े से कह रहे थे कि जो काम आपने दिया था पत्ते गिनने का वह हमने पूरा कर लिया—जामुन में तीन हज़ार तीन सौ पैंसठ पत्ते हैं।

बहुत बूढ़ा आदमी बहुत ख़ुश था।

कि जैसे एक अच्छी ख़बर को एक से ज़्यादा बार सुना जा सकता हो, उसने दरवाज़े की तरफ़ बढ़ते हुए बच्चों से पूछा—कितने पत्ते तुमने बताया कि जामुन के पेड़ में हैं?

मैं जूते ख़रीदने निकला था या सैंडल बनवाने

यह सोचकर कि जो सैंडल मैं पहनता रहा हूँ काफ़ी घिस गई है और कसने पर बहुत कसती नहीं है, मैं जूते ख़रीदने के लिए निकल आया।

जूते ख़रीदने के लिए मैं बाज़ार में घूमने लगा। मुझे लगा कि वह एक लुटा हुआ बाज़ार था। ख़रीदार उससे भी ज़्यादा लुटे थे। लोग हाँफ रहे हैं और ख़रीदने के लिए दुकानों में जाने से डर रहे हैं, इसे बहुत आसानी से महसूस किया जा सकता था।

काफ़ी चलने के बाद मुझे लगा कि सड़क के बग़ल में गली में कोने में जो दुकान है, वह ठीक रहेगी।

दुकान में दाख़िल होने के बाद मैंने जूता ख़रीदने की मंशा का इज़हार किया तो दुकान के एक मुलाज़िम ने मुझे जूते दिखाने शुरू कर दिए।

मैंने कहा कि क्या जूतों के दाम इस बीच ज़्यादा बढ़ गए हैं तो उसने कहा कि इस पर उसने ध्यान नहीं दिया लेकिन आदमी के दाम ज़रूर कम हुए हैं।

उसने मेरे पैरों को जूतों में डालते हुए बुदबुदाकर कहा कि लोग चल बहुत रहे हैं लेकिन पहुँच नहीं रहे हैं।

मैंने उससे यह जानना चाहा कि लोग किस तरह के जूते लेने आते

हैं तो उसने कहा कि आजकल कई लोग ऐसे जूते चाहते हैं जिन पर ख़ून के दाग़ न लगें और उन्हें पहनकर अपराध किया जाए तो जूते के निशान न दिखें।

उसने बहुत धीरे से कहा कि हाल में एक आदमी आया था जो ऐसे जूते माँग रहा था जिन्हें नात्सी पहना करते थे।

उसने और धीमी आवाज़ में कहा कि उसके बाबा को जूते पहनने ही नहीं दिया जाता था—वह दलित थे और बाम्हन-ठाकुरों की हवेलियों में खटते रहते थे। यहाँ दौड़, वहाँ दौड़ लेकिन बिना पनही और जूता-चप्पल के।

उसने कहा कि गाहकों को जूते पहनाते हुए उसे अपने पिता की बहुत याद आया करती है। उसने बहुत भारी, न सुनी जाती आवाज़ में कहा कि किसी को भी जूता पहनाते हुए लगता है कि वह बिवाइयों-भरे अपने पिता के पैरों में जूते पहना रहा है।

वह रुआँसा हो गया तो मैंने उससे परिहास करते हुए कहा कि मेरे बाबा के पैरों के जूते उस दुकान में नहीं मिल सकते थे—उनके पास अवध के किसान के लम्बे पैर थे। फिर मैंने वह एक कहावत सुना दी कि सिर बड़ा सरदार का, पैर बड़ा गँवार का जो बाज़ दफ़ा लोग बाबा को अपमानित करने के लिए सुना दिया करते थे। बाबा इस अर्थ में गँवार थे कि वह गाँव के थे लेकिन बेवकूफ़ वह नहीं थे अगर भोले और सरल वह थे तो। किसी सौदे में अगर उनके पास किसी का चार आना भी ज़्यादा आ जाता था तो उसे लौटाने उसकी खोज में निकल जाया करते थे। उनके पैर बहुत बड़े थे लेकिन इसकी वजह से उनके पास अक़्ल कम थी तो इसके बहुत प्रमाण नहीं थे। अगर अक़्ल कम होती तो वह एक घूसख़ोर जज से यह न कह देते कि बिका हुआ जज और मदमाता गज सही राह पर नहीं चल सकता।

दुकान को बन्द करने का वक़्त आता जा रहा था लेकिन जैसे अपनी आख़िरी कहानी को कहने के लिए उसने मुलाक़ात के इन्हीं आख़िरी पलों को सहेज रखा था। उसने धीमी आवाज़ को और धीमा कर दिया। उसने कहा कि एक दिन एक आदमी मँझोले क़द का, दाढ़ी मूछें सफ़ेद, दुकान में आया और मुझे दुकान के एक कोने में ले जाकर बोला कि मुझे लोगों के विवेक को रौंदने वाले जूते चाहिए। मुझे घबराहट हुई और मुझे पसीना आ गया। मैंने बिना बहुत सोचे हुए कह दिया कि मेरे पास नहीं हैं ऐसे जूते। वह एक डरावनी चिढ़ के साथ दुकान के बाहर निकल गया। उस दिन मैंने निरुपाय महसूस किया। मैं डरा भी कि देखो, एक आदमी दूसरे आदमी के लिए कितना ख़तरनाक हो चला है।

इस तरह बातें करते हुए वह जूते दिखाना और मैं जूते देखना भूल गए तो उसने कहा कि देखो, इस तरह बातें करते हुए मैं जूते दिखाना और आप जूते देखना भूल गए।

तो एक बार फिर उस आदमी ने जूते पहनाने में मेरी मदद करने के बाद कहा कि चलकर देखिए।

मैं चला और मैंने कहा कि इन्हें पहनकर मैं तेज़ चल सकूँगा और अब शायद कम ठोकरें लगें। और निराश होकर लौटने पर कम थकान लगे।

मैंने पूछा कि कितने का है।

दाम सुनकर मैं खिसिया गया और मैंने कहा कि सैंडल ले आओ।

लेकिन उनके दाम सुनकर भी मैं इधर-उधर देखने लगा और फिर बोला कि चप्पल दिखा दो।

उसने चप्पलों के दाम बताए तो मैंने अपनी पहनी सैंडल देखकर कहा कि क्या इसकी मरम्मत करायी जा सकती है!

उसने कहा, हाँ। मैंने कहा, कहाँ।

उसने पास के एक मोची का नाम बताया जहाँ मैं जाने के लिए खड़ा हुआ और उसे धन्यवाद दिया।

वह मुस्कुराकर बोला कि फिर आइएगा जूते ख़रीदने।

मैंने कहा कि हाँ, मैं जूतों और मनुष्यों के दामों के बारे में जानने के लिए फिर आऊँगा।

थिएटर के अँधेरे में कुछ दूर चलकर बाएँ

फ़िल्म शुरू हो चुकी थी जब मैं एक ऐसे थिएटर में अँधेरे में रास्ता बनाता हुआ, टटोलता हुआ आगे बढ़ रहा था जिसकी कुर्सियों को अभी ही रँगा गया था और गीली लकड़ी की बू हॉल में भरी हुई थी। छेदों से सिनेमा प्रोजेक्टर की नीली लाइट निकल रही थी जो किसी विशाल आलोकमय पक्षी की तरह हॉल के पीछे से सामने की तरफ़ आ रही थी और पर्दे पर जादुई आकृतियाँ बना रही थी।

भुतहे चेहरे वाले दर्शक पर्दे की तरफ़ देख रहे थे। सिनेमा हॉल में

अपनी सीट पाना आसान नहीं था जिसे खोजने की कोशिश में एक मुलाज़िम टॉर्च चमका रहा था और माँ-बहन की गालियाँ खा रहा था। वह नया लग रहा था जिसे थिएटर के नक़्शे को पूरी तरह से जानना था।

सिनेमा थिएटर में दाहिने बाज़ू को पार करके मैं बीच वाले हिस्से में आ गया था टॉर्च वाले आदमी के पीछे चलते हुए। मेरी सीट नहीं मिल रही थी। लेकिन जैसे ही हम बाईं तरफ़ आए तमाम सीटें ख़ाली थीं। टॉर्च वाले ने कहा नम्बर देखने की क्या ज़रूरत, कहीं भी बैठ जाओ। उस नये भर्ती को भी इलहाम हो गया कि बाईं तरफ़ काफ़ी सीटें ख़ाली होती हैं।

आख़िर मैं एक ऐसी सीट पर बैठा जिसमें बहुत सारे छेद थे और खटमल।

यह हॉल में काफ़ी आगे की सीट थी।

फ़िल्म इतनी बुरी थी कि मैंने सोचा इस सीन के बाद निकल जाऊँगा।

लेकिन मैं बैठा रहा और सोचा कि चलो, अगला सीन अगर ठीक नहीं हुआ तो निकल ही जाऊँगा।

अगला सीन पिछले से भी बुरा निकला लेकिन मैंने सोचा कि थोड़ा इन्तज़ार कर लेता हूँ।

लेकिन फ़िल्म ठीक होती नज़र नहीं आती थी।

अन्ततः मैं एक भयानक फ़िल्म को पूरा देखकर ही निकला।

मैंने यह छूट सिनेमा ही नहीं, सरकार को भी दी। मैंने उसके बेहतर होने का इन्तज़ार किया।

बाज़ार को भी मैंने यह छूट दी। मैंने उसके कम बिगड़ने का इन्तज़ार किया।

मैंने राजनीतिज्ञों को छूट दी। मैंने उनके कम झूठे, कम फ़ासिस्ट होने का इन्तज़ार किया।

अब

आपसे

क्या

छिपाना

मैंने

ख़ुद

को

भी

बहुत

छूट

दी।

सुख

वह काफ़ी देर तक बाज़ार में घूमता रहा।

उसने सोचा कि वह क्या है जो वह ख़रीदना चाहता है।

उस दिन उसने बहुत सारी चीज़ें ख़रीदीं जिनकी उसे ज़रूरत थी।

फिर उसने वे चीज़ें भी ख़रीदीं जिनकी उसे बहुत ज़रूरत नहीं थी।

उसे लगा कि जो वह चाहता है, उसे ख़रीद नहीं सकता।

उसने फिर सोचा कि वह क्या है जो मिल नहीं पाता।

बाज़ार से ख़रीदी चीज़ों को उसने कूड़ेदान में डाल दिया।

वह घर से निकल आया।

उसने चारों तरफ़ देखा। उसके अन्दर से तेज़ रुलाई निकलने वाली थी। लेकिन अन्ततः वह ज़ोर से खाँसा।

वह चलता रहा और सोचता रहा कि कितने सारे घर हैं और कितने सारे पते हैं। लेकिन न रहना हो पाता है और न पहुँचना।

उसने एक बस पकड़ी, एक रेलगाड़ी में वह बैठा, फिर स्टेशन से रिक्शा लेकर एक मोहल्ले में आ गया।

वह एक घर ढूँढ़ता रहा।

बहुत सारी सीढ़ियाँ चढ़ने के बाद वह आदमी हाँफने लगा था। चेहरे पर पसीना भी निकल आया था।

उसे लगा कि उसे लौट जाना चाहिए।

उसने याद करने की कोशिश की कि वह आया क्यों था। याद आया कि वह सुख के लिए आया था।

सुख के लिए—यह सोचकर वह मुस्कुरा दिया।

वह सुख के लिए साँकल बजाने जा रहा है—यह सोचकर वह चकित हो गया।

उसने साँस को स्थिर होने दिया और फिर साँकल खड़काने के लिए हाथ उठाया।

शीशम का बहुत पुराना दरवाज़ा खुला तो एक स्त्री ने कहा कि बहुत दिनों बाद आए।

आदमी ने कहा कि सुख पाने के लिए निकला हूँ।

उस स्त्री के चेहरे पर पसीना छलक आया।

वह लम्बे से आँगन में एक तरफ़ गई। फिर वह लौटी। वह आँगन के बीच में खड़ी हो गई। उसने आदमी की तरफ़ देखा।

स्त्री ने आदमी को पानी लाकर दिया और कहा कि वह भी सुख के लिए घर में साँकल लगाकर निकलने ही वाली थी।

चोला

वह सब कुछ अपने हाथों को देखने से शुरू हुआ।

शायद इस बात को सोचते हुए कि ये हाथ क्या बना पाए। फिर यह कि इन्होंने क्या-क्या बिगाड़ा।

मैंने सोचा किन और कैसे लोगों के हाथों को मैंने इन हाथों में लिया। किनसे हाथ मिलाया और किनका हाथ छोड़ा। यह सब सोचते हुए मैंने गहरी बेचैनी महसूस की। मैं घर से बाहर आ गया और यह जानते हुए भी कि चलना भटकना है, मैं बढ़ता रहा।

मैंने सुस्ताने के लिए जगह तलाशी और बैठ गया।

मैंने पैरों को देखा। उनमें लगी मिट्टी। फिर ठोकरों से लगीं चोटें।

वे पैर पता नहीं किन-किन रास्तों से होकर आए थे। मैं उठा और फिर से चल पड़ा।

मैंने माथे पर हाथ फेरा और सोचा कि देखो, इस सिर ने क्या न सोचा।

मेरी देह बेवजह काँपने लगी। कि जैसे उसके पास कई दफ़ा आत्मा के न होने के संस्मरण हों।

दोपहर का सन्नाटा फैलने लगा था और उसकी तपिश। लोगों का दिखना कम होने लगा था। मुझे कोने में-ज़्यादा दूरी पर नहीं-एक दुकान दिखी।

मैं उस तरफ़ जाने लगा।

पास पहुँचने पर लगा कि दुकान बेसमेंट में थी। मैं सीढ़ियों से नीचे उतरा। मुझे लगा कि वे दो-तीन लोग पृथ्वी में कहीं छिपकर बैठे थे।

कि अगर वे दिखे तो भूख उन्हें दबोच लेगी। या कि वे किसी अफ़वाह का शिकार हो जाएँगे। या कोई उन्हें बेवजह ही मार देगा।

वहाँ कोई स्त्री नहीं थी। मुझे लगा कि अगर वह होती तो वहाँ इतना तनाव न होता।

कोने में खड़े होने से मेरे चेहरे से लटकता हुआ एक बुर्क़ा लग गया।

मेरे दुकान में दाख़िल होने के बाद सिलाई मशीनों की आवाज़ें धीमी होती रही थीं इस तरह कि जो काम वे कर रहे हैं उसे करते रहें और जो बातें हो रही हों उन्हें सुनते भी रहें।

मुझे देखकर चटाई पर बैठा आदमी खड़ा हो गया। उसे देखकर ऐसा लगता था कि दाढ़ी रखी जाए या नहीं इसका कोई अन्तिम फ़ैसला उसने नहीं लिया था।

यह भी लगा कि वह भूख से लड़ने के कुछ आख़िरी बचे उपायों का इस्तेमाल कर रहा था।

वह खड़ा हुआ लेकिन उसने कुछ कहा नहीं।

एक नई तरह की ख़ामोशी से निपटने के लिए उसने अपनी लम्बी दाढ़ी छुई।

मुझे कुछ संकोच में देखकर उसने कहा कि बताइए।

मैंने कहा कि मेरी देह की नाप ले लीजिए। एक और चोला बनवाना है। फिर न चाहकर भी मेरी ज़बान से निकला कि यह देह बहुत दाग़दार हो गई है।

उसने मेरी देह की नाप लेनी शुरू कर दी यह कहते हुए कि इस तरह की पोशाक बनवाने बहुत कम लोग आते हैं।

वे लोग जहाँ बैठे थे

वे लोग मेज़ के चारों तरफ़ बैठे थे।

एक आदमी ने यह कहा कि ईश्वर की ओर अधिक झुकाव की वजह से उसने शराब और सिगरेट छोड़ दी। उससे किसी ने यह पूछना चाहा कि मनुष्यों की ओर झुकाव का कोई वृत्तान्त उसके पास है कि नहीं। उससे यह भी नहीं पूछा गया कि ईश्वर की सबसे बड़ी कृति मनुष्य है या पेड़।

काफ़ी देर बाद एक आदमी ने दबी ज़बान से कहा कि उसे इसका कम अन्दाज़ा है कि वहशीपन से लड़ने में ईश्वर कोई मदद करता है कि नहीं। दूसरे ने कहा कि जगहों को छोड़ते रहना दुनिया का सबसे बड़ा विचार है। जो एक ही जगह रह जाते हैं, वे परिवर्तन विरोधी होते हैं।

एक आदमी एक घंटे के भीतर एक लम्बी यात्रा पर निकलने वाला था। वह इस बात को इस तरह से कह रहा था कि जैसे वह अब फिर कभी नहीं लौटेगा। जो स्त्री वहाँ बैठी थी उसकी बेटी अगले दिन अपना गाना मंच पर पहली बार गाने वाली थी। उसकी माँ ने कहना चाहा कि पहली बार मंच पर गाना पहली बार सेक्स जैसा नर्वसकारी होता है लेकिन कहा नहीं।

उससे किसी ने पूछा कि तमाम सिद्धियाँ छींक पर विजय नहीं पा सकीं। क्यों? वह हँस पड़ी।

एक आदमी ने कहा कि मैं अपनी आत्मकथा पूरी करने वाला हूँ। वह इस बात से चकित था कि उसकी अपनी कथा में दूसरों की कथाओं की इतनी भरमार कैसे हो गई।

पता नहीं किस आदमी ने कहा कि किताबों को पढ़ने के बाद मॉरचुअरी से बाहर आने जैसा क्यों लगता है।

इस बीच आदमियों के बीच बैठी स्त्री को आभास हुआ कि उसे ढेर सारे प्रेम की ज़रूरत है लेकिन वह कहे तो किससे और किस तरह।

स्त्रियाँ कंडोम नहीं ख़रीदतीं तो स्त्री कंडोम क्यों न ख़रीदे

स्त्री को कंडोम ख़रीदना था लेकिन स्त्री कंडोम ख़रीदती नहीं।

तो स्त्री क्या करे?

वह पैसे लेकर घूमती रही। किसी को पता नहीं था कि वह अपने प्रेमी से मिलने आई है और उसे कंडोम लेना है। उसके प्रेमी के पैर में चोट लगी थी। वह चल नहीं सकता था लेकिन प्रेम कर सकता था। तो तय हुआ था कि लड़की कंडोम ख़रीदने चली जाए। स्त्री को कंडोम ख़रीदना था लेकिन स्त्री कंडोम ख़रीदती नहीं।

तो स्त्री क्या करे?

वह घूमती रही। उसने चारों तरफ़ देखा कि कोई ऐसा भी स्टोर हो जिसमें स्त्री दुकानदार हो लेकिन कोई उसे दिखा नहीं। हर दुकान पर पुरुष थे। लड़की ने बहुत अकेला महसूस किया। सड़क के बग़ल में कितनी ही बस्तियों को जलाने वाले और नरसंहार करने वाले और पूरे देश में एक स्त्री का पीछा करने वाले और इसी बिना पर राष्ट्राध्यक्ष बन जाने वाले का पोस्टर एक खंभे से लिपटा था—खंभा राष्ट्रीय शिश्न की तरह खड़ा था।

इस बीच उस लड़की को यह भी याद आ गया कि किस तरह से यू ट्यूब पर ऐसे वीडियो की भरमार है जिसमें एक अकेली लड़की कंडोम लेने निकली है और उसकी कितनी फ़जीहत होती है। कोई उसे चरित्रहीन कहता है, कोई एक दर्जे की आवारा। इस तरह के

वीडियो बहुत देखे गए थे शायद इसीलिए कि उसमें स्त्री की दुर्गति होती दिखती है।

इन दुविधाओं के बीच उसके प्रेमी का फ़ोन आया कि लौट आओ। मुझे लग रहा है कि तुम्हारा किसी दुकान से कंडोम लेना ठीक नहीं होगा। तुम पर सब हँसेंगे। लड़की ने कहा कि उसका प्रेम करने का बहुत मन है। पुरुष इस बात से चोटाया कि लड़की इतना साफ़ तौर पर कह रही है कि उसका बहुत मन है। उसे यह ठीक नहीं लगा। उसने अपनी बात को पसीने-पसीने होती सड़क पर बदहवास भटकती लड़की से कहने की कोशिश की। लड़की ने लड़के से कहा कि मैं सड़क पर हूँ और शोर की वजह से तुम्हारी बात ठीक से सुनाई नहीं दे रही।

लड़की घूमती रही और सोचती रही कि किस तरह से क्या किया जाए। लड़की को लग रहा था कि ऐसा कैसे हो कि वह किसी स्टोर में घुसकर कहे कि कंडोम दे दो। वह इतनी मामूली-सी चीज़ क्यों नहीं कर पा रही है। वह घूमती रही। छोटे से बाज़ार में लोगों को यह लग गया कि एक सुन्दर और वांछा से भरी औरत घूम रही है।

स्त्री को कंडोम ख़रीदना था लेकिन स्त्री कंडोम ख़रीदती नहीं।

तो स्त्री क्या करे?

घर में पैर तोड़कर बैठा पुरुष सोच रहा था कि जो लड़की इस तरह बोलती हो कि उसका सहवास का बहुत मन है, उसके बारे में दोबारा सोचना होगा—पत्नी तो वह नहीं हो सकती।

बाज़ार में घूमती लड़की अचानक एक स्टोर में घुस गई। उसने दुकानदार से कहा कि उसे कंडोम चाहिए। बहुत धीरे से कहने के बावजूद आसपास के लोगों ने सुन लिया कि एक लड़की कंडोम ख़रीदने आई है। वे उसे देखने में जुट गए।

दुकानदार ने यह सुनने के बावजूद भी कि एक लड़की ने कंडोम माँगा था कहा कि जी, क्या कहा, आपको क्या चाहिए। लड़की ने

कहा कि कंडोम चाहिए। दुकानदार ने आवाज़ को थोड़ा ऊँचा करते हुए कहा कि कौन सा ब्रांड चाहिए : कामसूत्र, मूड्स या मैनफोर्स? लड़की ने कहा कि के एस। दुकानदार ने कहा कि कामसूत्र ? डॉटेड चाहिए या केवल लुब्रिकेटेड? लड़की ने कहा, डॉटेड। दुकानदार ने कहा कि डॉट छोटे हों या बड़े? लड़की ने कहा, बड़े। काफ़ी बड़े। दुकानदार ने कहा, रंग? लड़की ने कहा, स्किन कलर। ताकि पता न लगे कि कुछ पहना है।

साहस का स्वांग करते-करते लड़की थक चुकी थी। वह स्टोर से निकली तो अनार और अंगारे की तरह लाल थी। वह काँप रही थी।

इस बीच लड़की के प्रेमी का फ़ोन आया तो लड़की ने उसे काट दिया। दौड़ते हुए वह एक बस पर चढ़ गई तो बस के कंडक्टर ने उससे पूछा कहाँ का टिकट तो उसने कहा पृथ्वी को छोड़ने का।

लड़की का बैग

मैं वॉशरूम होके आ रही हूँ बैग देखते रहिएगा कहकर एक लड़की अपना बैग मेरे बग़ल में रखकर चली गई जबकि मैं आँख दिखाने के लिए गया था और आँख में दवा डालकर डॉक्टर को दिखाने के लिए अपनी बारी का इन्तज़ार कर रहा था और जब मेरी बारी आ गई तो मैंने अटेंडेंट से कह दिया कि किसी और को दिखवा दो मैं कुछ देर बाद दिखा दूँगा और मन में इस बात को लेकर कुढ़ता रहा कि देखो किसी बेगाने ने कैसी ज़िम्मेदारी मुझ पर आयद कर दी है कि बैग देखते रहिएगा और बैग रखकर जाने वाली लड़की का पता नहीं है और जब वह आई तो मैंने कहा कि आपने तो हद कर दी तो उसने कहा कि हद तो आपने कर दी जो किसी का बैग देखने के लिए आप बैठे रह गए और आपने अपने को दिखाया नहीं और डॉक्टर उठकर चला गया और आप ही कह रहे हैं कि इक्कीस किलोमीटर चलकर आप को कल फिर आना पड़ेगा जबकि आप एक अजानी बहुत मामूली शक्ल वाली लड़की का बैग रखाते बैठे रह गए जिसमें कुछ नहीं था सिवाय कुछ चिन्ताओं के और एक लिपस्टिक के जिसकी स्टिक सूख गई थी और जिसमें रंग नहीं बचा था और जिसमें पसीना पोंछने के लिए एक फटा तौलिया रखा था और भुना चना जो सील गया होगा और जो ख़ुद भूल गई कि उसने कहाँ बैग रख दिया था और ख़ुद उसे पता नहीं कहाँ रख दिया गया था पृथ्वी पर—अरक्षित और वेध्य और लावारिस।

कला का अत्यन्त

अँधेरे में भागती रेलगाड़ी में एक आदमी खिड़की के पास कैमरा लेकर बैठा था।

बग़ल के आदमी ने कहा कि बाहर तो बहुत अँधेरा है।

कैमरे वाले आदमी ने कहा कि हाँ, बाहर बहुत अँधेरा है।

बग़ल वाले आदमी ने कहा कि शहर अँधेरों में डूबे हैं।

कैमरे वाले आदमी ने कहा कि हो सकता है कि लोग बाढ़ में डूबे हों लेकिन कुछ पता कहाँ चलता है।

बग़ल वाले आदमी ने कहा कि हो सकता है कि लोग उम्मीद के अँधेरे में डूबे हों तो कैमरे वाले आदमी ने कहा हाँ, यह हो सकता है।

खिड़की के पास कैमरा लेकर बैठा आदमी बीच-बीच में अँधेरे की तस्वीर अँधेरे में ले लेता था।

देखने को बेहतर बनाने वाली लड़की

आँख का नम्बर टेस्ट करने वाली लड़की जब मेरे बहुत नज़दीक आ गई तो मेरे काँपने का जवाब उसने मुस्कुराकर दिया।

मेरा अपराध यह था कि मैं बूढ़ा हो रहा था और उसकी ख़ूबी यह थी कि वह युवा होती जा रही थी। लेकिन हम दोनों में यह बात सामान्य थी कि हम दोनों ही मृत्यु की ओर जा रहे थे।

मैंने निराशा के साथ कहा कि समय देह पर कुल्हाड़ी की तरह गिरता है।

उसने मेरी नाक पर टिके आँख टेस्ट करने वाले ऐनकीय खाँचे में एक के बाद दूसरा शीशा डालते हुए कहा—देह पर समय फूल की तरह गिरता है। वह मेरी आँखों को जाँचती रही। फिर वह मेरे सामने बैठ गई।

उस समय रात के जाड़े के आठ बज रहे थे। उसका साथी सेल्समैन यह कहकर चला गया कि सर की आँखें टेस्ट करके और चश्मे का ऑर्डर लेकर दुकान बन्द कर देना। उस लड़की ने सुने हुए का जवाब देना ज़रूरी नहीं समझा।

वह लड़की मेरे सामने बैठ गई और बोली कि आपकी इन आँखों ने क्या-क्या देखा।

मैंने कहा कि मैंने एक साफ़ नदी को देखा। फिर एक दिन उसे गन्दा होते देखा। मैंने स्त्रियों की नग्न देहें देखीं और उन पर पड़े नीले निशान। तानाशाहों के लिए उमड़ती भीड़ देखी। मैंने संगीतकारों और गायकों को सामन्तों और पूँजीदारों के सामने अराजनीतिक बेख़ुदी में झूमते हुए देखा। मैंने गोली चलाते आदमी को देखा और गोली खाकर न मरते आदमी को। मैंने एक स्त्री को देखा जिसे एक पुरुष अगवा करके ले जा रहा था—स्त्री उस समय एक लोकगीत गा रही थी। मैंने कवियों को ईर्ष्याग्नि में धधकते देखा—नष्ट होने के पहले नष्ट करने के उन्माद से ग्रस्त। मैंने कलाकारों की तटस्थ होने की विस्मृति को देखा। मैंने एक के बाद दूसरी अमरताओं की धज्जियाँ उड़ते देखा। मैंने एक आदमी को बहुत लोगों का खाना खाते देखा। मैंने मज़दूरों को शहर बनाने के बाद उन्हें वहाँ से हटाये जाते हुए देखा।

वह लड़की एक पूरी सदी की तरह उदास हो गई।

उसने कहा कि यह दुनिया उसके लिए एक सतत कोपभवन है और वह पता नहीं कितने राजनीतिज्ञों की अंत्येष्टि में जाने के लिए उत्सुक है। यह सब कहकर वह हँस दी और बोली मैं जो चाहती हूँ वह कभी नहीं कह पाती।

उसने कहा ज़्यादा देखने की वजह से आपके चश्मे का नम्बर बढ़ा है। इस चश्मे के बाद आप बेहतर देख पाएँगे।

उसने पूछा कि नये चश्मे से आप क्या-क्या देखना चाहेंगे। मैंने कहा—सौन्दर्य और आत्मा और जागते हुए मर जाना।

उसने कुर्सी से उठते हुए कहा—मतलब जीवन।

मैंने कहा—कह नहीं सकता लेकिन मैं उससे ऊबा हुआ हूँ।

मैंने अपना पुराना चश्मा लगा लिया और उठने लगा तो उसने कहा कि मैं जितना भी दिख रही हूँ तो आप मुझे देखकर क्या देख रहे हैं।

मैंने कहा—पराधीनता और अँधेरा।

इस बीच एक फ़ोन आया तो उसने फ़ोन पर कहा कि अभी वह दुकान में ही है और बाहर डरावनी धुंध है तो वह दुकान में ही रुक जाएगी।

वह दुकान का दरवाज़ा बन्द करके लौट आई और फिर कुर्सी पर मेरे सामने बैठ गई।

वह उठी और उसने मेरी जेब में हाथ डाला और कहा कि मैंने सोचा कि आपके पास माचिस होगी।

मैंने थोड़ा झेंपकर कहा कि मेरी एक जेब में अलाव और दूसरी में बदलाव रहता है।

उसने कहा कि कविता से पता नहीं क्या होता है।

मैंने कहा कि मैं भी यह नहीं जानता।

उसने मेरे हाथ पर अपना हाथ रखते हुए कहा कि वह बार-बार क्यों भूलती है कि इच्छाएँ स्वतंत्र करती हैं।

अँधेरे में फैलता रंग

रेलगाड़ी में मेरे सामने जो लड़की बैठी थी उसके दाँत एक सजग डेंटिस्ट के दाँत नहीं थे।

उनमें एक पीलापन था जबकि हँसी ऐसी थी कि जैसे किसी ने पूरे समुद्र पर जाल फेंका हो।

वह धारवाड़ जा रही थी। किसी डेंटल कॉलेज में आगे पढ़ने के लिए। ग्रेजुएशन करने के बाद।

उसने मुझसे कहा कि उसने दाँतों की परवाह नहीं की और हँस दी कि जैसे हँसी पीले दाँतों को ढँकने की कोई हिकमत हो।

मैंने पूछा कि डेंटिस्ट वह क्यों बनी तो उसने कुछ नहीं कहा। हो सकता है कि वह कहना चाहती थी कि दूसरों के दाँतों की सँभाल के लिए लेकिन शायद इस तरह के कहने को वह प्रदर्शनवाद मानती थी। तो वह खिड़की के बाहर देखती रही।

फिर वह मुझे लगातार निरुपाय दिखती रही। कि जैसे मैं उसे कभी नहीं मिल सकता था। मैं जानता था कि मैं भी उसे इसी तरह देख रहा था।

वह हँसती पहले थी और बोलती बाद में थी।

उसने बताया कि वह बहुत सोती है और बहुत देर तक जागती है।

वह बहुत हँसती और बहुत रोती है।

वही सारी ग़लतियाँ वह बार-बार क्यों करती है—यह सब बताते हुए वह भागती रेलगाड़ी की लॉबी की ओर चली गई। लौटी तो उसने मुँह धो रखा था। उसका पाजामा गीला था।

मैंने उसे ठीक-ठीक कुछ नहीं बताया लेकिन उसे लग गया कि मैंने जीवन की परवाह नहीं की। मैंने चेहरे और बालों की परवाह नहीं की। मैंने सम्बन्धों और नौकरी की परवाह नहीं की।

उसने किसी समय पूछा कि आपने किसकी परवाह की।

मैंने कहा कि मैं तो यही सोचता रहा था कि मैं अपनी परवाह कर रहा हूँ जबकि ऐसा था नहीं।

खिड़की के बाहर भूतल, युग और दृश्य भाग रहे थे।

बग़ल से एक चाय वाला गुज़रा तो मैंने कहा कि मैंने अपनी चाय की परवाह की। वह मुस्कुरा दी।

उसने कहा कि चाय हर जगह मिल जाती है लेकिन एक अच्छी चाय साल में एकाध बार ही पीने को मिलती है। मैंने कहना चाहा कि रास्ते बहुत हैं लेकिन रास्ता नहीं मिल पाता—बहुत सारे आदमी हैं लेकिन मनुष्य नहीं मिल पाता।

मैंने उससे कहा कि क्या वह धारवाड़ घराने से परिचित है तो उसने कहा कि आप कहेंगे कि मैंने संगीत की परवाह नहीं की।

मैंने कुछ नहीं कहा—मैं उससे पूछना चाहता था कि देह की सुन्दरता क्या आत्मिक गुण भी है और क्या इच्छाएँ प्रेम में पर्यवसित होती ही हैं और प्रेम क्या केवल देह को पाने की युक्ति भर है।

ट्रेन रुकने लगी थी।

यहाँ उसे उतरना था।

वह उतरी। मैं भी उतरा। रेलगाड़ी मेरे सामान के साथ आगे निकल गई।

एक जगह आकर जैसे कि साँस लेने के लिए उसने सामान रखा और पीछे देखा तो मैं दिख गया।

वह हँसी।

गहरे आभ्यंतर के साथ।

उसके बहुत पीले दाँतों का प्रागैतिहासिक पीताभ उस स्टेशन के अँधेरे में फैल गया।

खाने की जगह

बहुत देर तक चलने के बाद जब एक खाने की जगह मिली तो सबके अन्दर से राहत की साँस निकली कि चलो, अब खाना तो मिलेगा।

कार एक पेड़ के नीचे खड़ी कर दी गई। लोग बाहर आ गए।

आम राय यह थी कि खाने की मेज़ों को पेड़ के नीचे ही बाहर लगा दिया जाए।

इस बीच लोगों ने हैंडपम्प के पानी से हाथ धोये और ढाबे के ठीक पीछे सरसों के खेत में बिछी हरियाली को देखकर चकित होते रहे और खेतों के पीछे दिखते पेड़ों को।

हवा ऐसी थी कि उसे जेबों में भर लेने का मन हो रहा था। इस बीच खाने का ऑर्डर दिया गया। किसी को मक्खन वाली दाल चाहिए थी, किसी को जली हुई रोटियाँ, किसी को बैंगन के भर्ते में हरी मिर्च चाहिए थी तो कोई चिकन के लिए बेचैन था। जल्दी ही खाना आ गया। वे खाने की मेज़ के इर्द-गिर्द इकट्ठा हो गए।

खाना खा लेने के बाद उन्हें लगा कि उन्हें कुछ और चाहिए। क्योंकि खा लेने के बाद खाना बहुत मामूली क्रिया लग रही थी।

वे एक शादी में गए हुए थे और अब वहाँ से लौट रहे थे।

पत्नियाँ अपने पतियों के साथ थीं लेकिन देख वे दूसरे पुरुषों को रही थीं। पतियों का भी यही हाल था। जो अपने पास नहीं है यह उसकी

ललक का मसला था। यह साभ्यतिक अतृप्ति का मामला था। लेकिन उन्हें यह भी लग रहा था कि खाने की तरह ही ये स्त्रियाँ और पुरुष उन्हें मिल भी गए तो उनकी कुछ और पाने की खोज तो बनी रहेगी।

एक लड़की ने मर्दाना संडास में पेशाब करते हुए मुट्ठी बाँधकर चीख़कर कहा—इट स्टिंक्स...मेल शावनिस्ट पिग! वह बस में मामा लगने वाले एक आदमी के लगातार घूरने से फटी पड़ रही थी। एक आदमी गाड़ी में गया और बन्दूक़ लेकर आया और एक भागते ख़रगोश पर उसने गोली चला दी।

मैंने तय किया कि मैं जीवन-भर उससे बात नहीं करूँगा।

उसने ख़रगोश को उस बन्दूक़ से मार दिया था जो शादी में हवा में उत्सवधर्मी फ़ायर करने के लिए साथ रखी गई थी। मैं उससे दूर चला गया और टहलता रहा।

वह दौड़ता हुआ मेरे पास आया और बोला कि मैंने ख़रगोश क्या इसलिए मार दिया कि मुझे कुछ समझ में नहीं आ रहा था कि मुझे क्या करना चाहिए।

वह रोने लगा।

मैं क्या करूँ, उसने निरुपायता के साथ मेरी तरफ़ देखा तो मैंने कहा कि यह दुनिया मैंने नहीं बनाई है।

उसने पूछा कि आपने क्या बनाया तो मैंने कहा कि मैंने एक उपन्यास की संरचना बनाई जिसे मैं शुरू भी नहीं कर सका।

मैंने कहा कि एक कवि के तौर पर जितना अकेला मुझे होना चाहिए था, मैं उससे ज़्यादा अकेला हूँ।

उसने कहा वह ख़रगोश को ढूँढ़ने जा रहा है। हो सकता है कि वह न मरा हो। मैंने कहा कि वह नहीं मरा है तो नहीं मिलेगा।

उसने पूछा कि जो हमें मिलता है क्या वह मरा हुआ होता है।

बेंच पर नहीं बैठेगा आदमी

मैं नीचे उतरा तो एक आदमी जून की धूप में घूम रहा था।

मैं उसे खंभे के पीछे खड़े होकर देखने लगा।

वह गहरे रंग की ख़ाली बेंच को अजीब भय के साथ देख रहा था जबकि मेरी कोशिश यह थी कि एक बहुत थके आदमी को मैं बैठते हुए देखूँ बिल्कुल वैसे ही कि जैसे एक हिन्दी कवि ने कहा कि किसी भूखे आदमी को खाते हुए देखने से बड़ा कोई दृश्य नहीं हो सकता।

मुझे लगा कि मैं जहाँ रहने आया हूँ वह अमानवीय रहस्यों से भरी है। मसलन एक दिन जब मैं लिफ़्ट से नीचे की तरफ़ जा रहा था तो एक लड़की दरवाज़े की तरफ़ पीठ करके स्टील की दीवार से सिर टिकाकर खड़ी हुई थी। मैंने सोचा कि उसके कन्धे पर हाथ रख दूँ लेकिन मैंने ऐसा नहीं किया।

मैं खंभे के पीछे से एक पतले से आदमी को देख रहा था तो अचानक लगा कि पीछे से किसी ने मुझे छुआ। यह वही आदमी था जिसको मैं अभी तक सामने देख रहा था।

उस आदमी ने मुझसे कहा, आप कौन हैं।

मैंने थोड़ा हल्के अन्दाज़ में कहा कि मैं यह जानने ही निकला था कि मैं कौन हूँ।

उसने भी पूछ लिया कि क्या आपको पता लगा कि आप कौन हैं।

मैंने कहा कि इसका जवाब मैं दे सकूँ या नहीं, सवाल यह बड़ा है।

मैंने उससे पूछा कि तुम यहाँ क्या कर रहे हो तो उसने कहा कि उसका काम इधर उधर टहलते हुए सन्देह करने का है।

मैंने उससे कहा कि क्या तुम मुझ पर सन्देह कर रहे हो तो उसने कहा, हाँ।

मैंने उसका मंतव्य समझते हुए कहा कि मैं यहाँ नया हूँ, मेरा नाम प्रबोध है और मैं यहाँ 201 में रहता हूँ।

उसने थोड़ा बिहँसते हुए कहा कि मैं नहीं जानता कि अपने को खोजते हुए आप अपने को मिल गए या नहीं लेकिन आप मेरे साहब हैं। उसने कहा कि जितने भी फ़्लैट के मालिक हैं, वे सब उसके साहब हैं।

मैंने कहा कि जीवन में इतने सारे साहबों का होना ठीक नहीं है। मैंने कहा कि अगर मैं साहब होना न चाहूँ तो।

उसने कहा कि तब आपके ख़तरे बढ़ जाएँगे।

मैंने कहा किस तरह तो उसने कहा, मेरी तरह।

मैंने कहा कि थोड़ा मिसाल देकर बताओ।

उसने कहा—सुनिए। मैं यहाँ खड़ा रह सकता हूँ लेकिन बैठ नहीं सकता। मेरा काम खड़े रहने या चलते रहने का है। इसलिए यह हरी बेंच मुझे डराती है। मैं बैठना चाहता हूँ लेकिन बैठ नहीं सकता। सीसीटीवी कैमरे लगे हैं जो मेरे बैठने के विरुद्ध हैं। मेरे बैठने से आप सब की साहबी नष्ट होती है। बेंच पर मैं बैठ सकूँ इसके लिए पता

नहीं क्या क्या करना पड़ेगा। गृहयुद्ध तक की नौबत आ सकती है।

वह बोल रहा था और मैं उसके सामने एक अपराधी की तरह खड़ा था।

उस दिन तक मुझे नहीं मालूम था कि मैं उसके शत्रुओं में शामिल हूँ।

बिना आत्मा के

मैंने कंडक्टर को सौ का नोट दिया तो उसने कहा कि चेंज तो है नहीं।

मैंने कहा, मेरे पास भी चेंज नहीं है।

दोनों के पास चेंज नहीं था।

उसने कहा, आपको उतरना पड़ेगा। मैंने कहा कि ऐसा ही लग रहा है। कंडक्टर ने कहा कि चाहो तो बिना टिकट के चलते रहो।

मैंने कहा कि कुछ देर में तुम मुझसे कहोगे कि बिना आत्मा के चलते रहो। तो बग़ल के आदमी ने कहा कि मैं तो पता नहीं कब से बिना आत्मा के चल रहा हूँ।

इस तरह यह पता लगा कि मेरे पास चेंज और टिकट नहीं था और एक आदमी के पास आत्मा नहीं थी।

दूसरे आदमी ने कहा कि उसके पास भविष्य नहीं है।

किसी आदमी ने कहा कि उसने इस बात को छिपाया कि उसके पास सौ का चेंज नहीं है।

एक आदमी ने बग़ल के आदमी को यह सूचित करते हुए कि बग़ल के आदमी के पैर उसके पैरों पर रखे हुए हैं कहा कि उसके पास जूते नहीं हैं।

एक स्त्री ने कहा कि उसके पास सरकार है लेकिन बेहतर होता कि उसके पास सरकार न होती, पानी होता जिसे लाने के लिए उसे रोज़ दो किलोमीटर जाना होता है।

मैं ड्राइवर के पास यह कहने के लिए गया कि मेरे पास चेंज नहीं है इसलिए उतार दो।

ड्राइवर ने कह दिया कि गाड़ी चलाते हुए वह कोई बात करना पसन्द नहीं करता।

बस अन्ततः रुकी तो मैं ओवरब्रिज पार करके दूसरी तरफ़ गया और आगे बढ़ने के पहले पुल के सलेटी लोहे की विकटता और ठोसत्व के नीचे सुस्ताने लगा।

कुछ दूर पर सिकुड़े बटुरे आदमी ने लोहे की रेलिंग को हाथ से बजाकर और इस तरह मेरा ध्यान खींचते हुए कहा कि क्या यह बात आपको भयावह नहीं लगती कि मेरे पास देश, सरकार और नींद है लेकिन कंबल नहीं है।

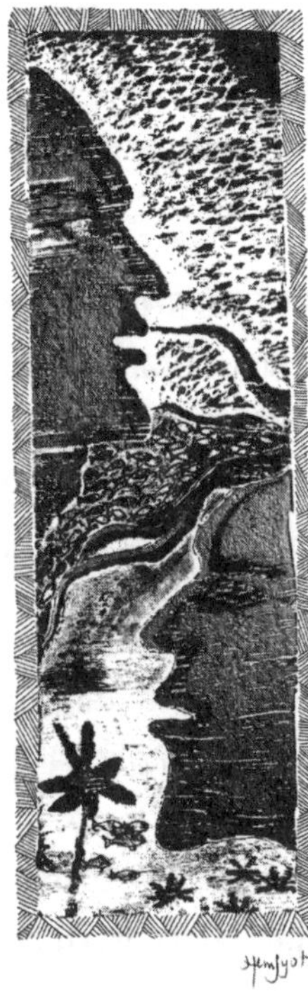

लैम्ब्रेटा

उस दिखते और न दिखते घर के सामने एक स्कूटर खड़ा हो जाया करता था। लैम्ब्रेटा। इतालवी ब्रांड का। शहर के अधिक पढ़े लिखे इटली को फेलिनी, एको और कालविनो की वजह से जानते थे। इटली को माफ़िया की वजह से जानने वालों की कमी भी नहीं थी। स्कूटर को घर के सामने दोपहर में किसी समय खड़ा किया जाता था। पता यह लगा कि लैम्ब्रेटा एक कवि का है जो उस बियाबान घर में उस समय आया करता था, जब उस घर का मालिक और पुरुष घर को छोड़कर एक जर्सी गाय जैसी सफ़ेद अम्बेसडर कार में निकल जाया करता था।

जो आदमी तीन-चार सीढ़ियाँ उतरकर छोटा-सा घास का लॉन पार करके चिड़िया जैसी आवाज़ करने वाले छोटे-से लोहे के दरवाज़े को खोलकर कार में बैठा करता, वह बहुत जटिल नहीं लगता था।

उसकी कार से बहुत सारा धुआँ निकलता। जान पड़ता यह उसके अन्दर फँसा ग़ुबार था जो बाहर आ रहा हो। कहा जा सकता है कि उस आदमी के अन्दरूनी कोहराम को जानने का यही वक़्त हुआ करता था।

वह घर को इस तरह से छोड़ा करता कि जैसे इस घर में अब कभी नहीं लौटेगा। उसका पेट बड़ा था और उसका चेहरा एक नक़ली उदारता का बुरा नमूना। वह इस तरह दिखता कि बस, अभी किसी भी पल वह मुस्कुरा देगा। तो उसका चेहरा भ्रमात्मक निर्मिति का नतीजा था। उसमें अस्तित्व का अवसाद दिखता था जबकि वह किसी वित्त विभाग का बड़ा अफ़सर था।

उसके जाने के काफ़ी देर बाद लेकिन लगभग एक नियत समय पर स्कूटर पर मँझोले क़द का कवि आता जो कुर्ता पायजामा पहने होता। वह लॉन पार करता। वह दो चार सीढ़ियाँ चढ़ता और लोहे की ग्रिल से ढँके बरामदे में जाकर बैठ जाया करता। उससे बात करने के लिए अन्दर से उस आदमी की पत्नी आती जो कुछ देर पहले कार में निकल गया था।

जो आदमी स्त्री के जाने के बाद आया करता था, वह एक विवादास्पद कहानीकार था और काफ़ी कम अच्छा कवि। लेकिन वह आया करता था अपनी कविताओं के साथ ही। कवि अपनी अधूरी कविता के बारे में बात करता। फिर जो कविता पूरी हो गई थी, उसे जेब से निकालकर सुनाता और बीच-बीच में उस स्त्री का हाथ पकड़ लिया करता। कई दफ़ा वह स्त्री के होंठों की तुलना कड़वी शहद से करता—ख़त्म रबर और मुरझाये फूलों से भी। वह अकवि था, कवितात्मकता के विरुद्ध खड़ी होने वाली कविता का पैरोकार। ऐसे समयों में स्त्री थोड़ा उदास होकर कहती कि इस अति निकटता से सब कुछ नष्ट हो रहा है। वह बुदबुदाता कि स्त्री के साथ सोकर वह पूँजीवाद की ऐसी कम तैसी कर रहा है। तो वह एक साथ वामपंथी-सा कुछ था जिसके पास स्त्री को समझने के उपकरण पर्याप्त नहीं थे।

कवि की एक कविता में कम से कम एक जगह यह बात कही गई थी कि सहवास उसे दिन में पसन्द है क्योंकि दिन में स्त्री पूरा दिखती है। वह साथी की तरह दिखती है जो चल पड़ेगी। रात में तो एक छाया होती है। तो दिन में मिलने का यह दार्शनिक आधार था।

उस छोटे से क़स्बे में लैम्ब्रेटा स्कूटर बहुत लोगों के पास नहीं था। शायद यह भी एक वजह रही होगी कि किसी को जब भी किसी लैम्ब्रेटा स्कूटर पर चलते हुए देखा जाता तो यह कहा जाता कि वह एक कवि है जो थोड़ा कम अच्छा भी हो सकता है लेकिन जो अपनी प्रेमिका से मिलने जा रहा है या मिलकर लौट रहा है।

एक ऐसे क़स्बे में जहाँ प्रेम के अधिकांश रूपक नष्ट हो गए थे लैम्ब्रेटा एक नये प्रतीक के तौर पर उभरा था। वह प्रेम की ओर जाते हुए या प्रेम करके लौटते मनुष्य का प्रतीक बन गया था। उस मुमानियत वाले क़स्बे में कभी कभी कोई लैम्ब्रेटा पर जाती लड़की दिख जाया करती थी जिसके बारे में भी यही सोचा जाता था कि वह या तो प्रेम करने जा रही है या फिर प्रेम करके लौट रही है।

और जो लोग यह फ़ैसले दे रहे होते कि यह तो अवैध प्रेम है तो इसके विरुद्ध यह बोलने वालों की कमी नहीं थी कि कोई भी प्रेम अवैध कब से होने लगा।

मुझे देखने दो

वह दफ़्तर में बेगाने तरीक़े से आता, अजनबी तरीक़े से काम करता और छत की तरफ़ देखा करता।

इस निरुपायता की वजह से वह पस्त दिखने लगा था।

वह दीवारों को देखता।

वह घड़ी की तरफ़ देखता।

वह बॉस को एक अलंघ्य दीवार मानता।

एक दिन उसे लगा कि जिस कमरे में वह बैठा करता है, उसमें एक खिड़की भी है। खिड़की है लेकिन वह फ़ाइलों के अंबार के पीछे छिपी हुई है।

वह आदमी एक दिन दफ़्तर ख़ूब जल्दी पहुँचा और उसने फ़ाइलों को क़रीने से एक कोने में रख दिया।

अब वह आदमी खिड़की के पास आता और खड़ा रहता। इस बीच उसकी छह-सात पेड़ों से दोस्ती हो गई और कुछ चिड़ियों को उसने पहचान लिया जो लगातार चाँय-चाँय किया करती थीं।

एक दिन वह आदमी दूरबीन ले आया।

दूरबीन से उसने देखा कि बाहर एक जो पेड़ है उसके लगभग सारे पत्तों पर बहुत सारी धूल जमा है। उसे लगा कि वह खिड़की के पास न आया होता तो इस बात का पता उसे न लगता।

उसने महसूस किया कि उसको पेड़ पर चढ़कर पत्तों की मिट्टी साफ़ करनी चाहिए लेकिन वह पेड़ पर चढ़ना नहीं जानता। उसे तैरना नहीं आता। और पता नहीं कब से वह दौड़ा नहीं है। आज वह दौड़ते हुए घर जाएगा—यह सोचते हुए वह खिड़की के पास से अपनी सीट पर आ गया जो एक बड़े से कमरे में दूसरी तरफ़ थी।

उसने नगरपालिका को एक चिट्ठी लिखी कि अमुक-अमुक जगह पर जो पेड़ है, उस पर बहुत धूल जमा है जिसे साफ़ करने की ज़रूरत है। इस चिट्ठी का कोई जवाब उसके पास कई दिनों तक नहीं आया।

उसकी उदासी बढ़ गई और उसे यह भी लगने लगा कि खिड़की के पास खड़े होना खिड़की के पास बैठने का विकल्प नहीं था। अपनी इस मंशा को उसने सामान्य तौर पर दफ़्तर में ज़ाहिर भी कर दिया। उसने कहा कि वह चाहता है कि उसकी सीट खिड़की के पास लग जाए। बिलकुल खिड़की के पास। लेकिन पता यह लगा कि वहाँ आदमी की सीट लग नहीं सकती थी। दफ़्तर में ओहदों के सोपानीकरण के क्रम में यह मुमकिन नहीं था। फिर यह मज़ेदार बात भी पता लगी कि अगर उस आदमी का ओहदा एक पायदान कम हो जाए तो उसे वहाँ सीट मिल सकती है।

क्या किया जाए— वह सोचता रहता। उसे लगा कि अगर वह आततायी बॉस को एक चाँटा लगा दे तो उसका डिमोशन हो जाएगा— वह अपने पद से एक पद नीचे चला जाएगा और खिड़की के पास बैठने का उसका सपना पूरा हो जाएगा। बॉस था भी ऐसा कि उसका भरपूर प्रतिकार किया जाए। वह दिहाड़ी पर रखे जाने वाले कर्मचारियों को निकालने की धमकी देकर घर में उनसे ग़ुलामों की तरह काम कराता था और लड़कियों को अनिश्चितता का डर दिखाकर उनको सोफ़े पर सुलाने का जतन करता रहता था।

अगले दिन वह बॉस के कमरे में चला गया। वह बॉस जो नियंत्रण में विश्वास करता था, ग़लती निकालने के लिए आमादा रहता था और बेसबब नाराज़ रहा करता था। बॉस बेहद नाराज़ हुआ— बिना पूछे उसकी हिम्मत कैसे हुई कमरे में आने की। इस बात पर उस आदमी ने बॉस को एक ज़ोर का तमाचा लगा दिया यह कहते हुए कि तानाशाही विद्रोह और असहमति को जन्म देती है।

आदमी को सस्पेंड कर दिया गया और जब वह लौटा तो उसे उसके

पद से एक पायदान नीचे कर दिया गया लेकिन उसे खिड़की के पास की सीट पर नहीं बैठने दिया गया।

कहानी का दूसरा अन्त यह हो सकता है कि उस आदमी ने जब ज़ोर से बॉस को तमाचा मारा तो बॉस का सिर मेज़ के कोने में लगे लोहे से टकरा गया और वह मर गया।

आदमी ने अदालत को जो हुआ था वह बता दिया।

आदमी को सज़ा मिली। उसे उम्र-भर क़ैद में अँधेरे में बिना खिड़की वाली कोठरी में रहना था।

हुआ लेकिन यह कि जिस आदमी ने अपने बॉस को चाँटा मारा, उसे नौकरी से निकाल दिया गया।

अब उसके पास रोज़गार नहीं था।

लेकिन उसके पास खिड़की के पास बैठने की ज़िद की लड़ाई का इतिहास था।

दो कवियों को मार देने या उनके आत्महंता होने का मामला

एक ढहते हुए धूल भरे शहर में उन्हें कविता-पाठ के लिए बुलाया गया।

दो कवियों को।

उन्होंने एक पुराने हॉल में कविता-पाठ किया जिसके पंखे बहुत पुराने थे और घरड़-घरड़ करके चलते थे कि जैसे वे चाहते हों कि कोई कविता ठीक से सुनी-समझी न जाए।

लेकिन दोनों कवियों ने पहले धीमी और बाद में तेज़ आवाज़ में कविता पढ़ना शुरू किया।

उन्होंने नींद न आने की बात की और यह बात कि मनुष्य और मनुष्य के बीच का भेद निरर्थ और नक़ली है।

दोनों कवियों में इस बात के गहरे संकेत थे कि लोग कविताओं यानी नैतिक वाक्यों से विरत हो रहे हैं।

दोनों कवियों ने हार न मानने वालों की बात की और नई दुनिया की जिसे बहुत कम संख्या में आए स्याह चेहरे वाले श्रोताओं ने सुना।

कविता-पाठ के बाद चाय के साथ समोसे भी थे जिसे लोगों ने इतनी ललक से खाया कि लगा कि वे बहुत दिनों से भूखे थे।

वे दोनों कवि एक दूसरे की कविताओं की तारीफ़ बिना मन के करते रहे और ज़्यादा बात इस पर करते रहे कि तुमने अमुक कविता लिखी

कब और छपी कहाँ और कितने दिन उसे लिखने में लगे। ये अपनी असुरक्षाओं को कम करने के छोटे-मोटे उपाय थे। लेकिन दोस्त के तौर पर वे एक-दूसरे से मिलकर ख़ुश थे।

उन दोनों कवियों को एक गेस्ट हाउस में दो अलग कमरों में रुकवाया गया था लेकिन कविता-पाठ से लौटने के बाद वे एक ही कमरे में आ गए और शराब पीने लगे और सच बोलने लगे। तो एक कवि ने दूसरे कवि से कहा कि तुम्हारी कविता में रेटरिक क्या इसलिए है कि तुम्हारे पास अनुभव कम है।

दूसरे कवि ने कहा कि जब बड़ी कविता लिखने की ज़रूरत होती है तो रेटरिक अनिवार्य हो जाता है जैसे असहमति के लिए अवाँगार्दीय होना ही पड़ता है। रेटरिक पुकार और घोषणा है जो उत्पीड़ितों का बयान करने के लिए ज़रूरी टूल हैं।

दूसरे कवि ने पहले कवि में आन्तरिकता के आधिक्य की बात की। दूसरे कवि ने कहा कि गाली चाहे जितनी दे लो मेजर पोएट रेटरिक का कवि ही होता है। फिर वह महमूद दरवेश हो या नाज़िम हिकमत। इसकी वजह से कमरे में ही नहीं पूरे साहित्य में सन्नाटा छा गया और इस प्रश्न की एक बार फिर से पड़ताल शुरू हो गई।

कुछ देर तक दूसरी तरफ़ देखने के बाद उसने फिर यह सवाल खड़ा कर दिया कि बिम्ब और शाश्वत किसी फेकरी को छिपाने की आड़ नहीं हो सकते।

दूसरा कवि उठकर गया और टॉयलेट शीट पर बैठकर सिगरेट पीने लगा और शीट पर बैठे हुए ही बोला कि व्यक्ति-गौरव, सामूहिक वांछा-विवेक और मार्क्स को मिला दो तो कविता में बड़ी मनुष्यता को अर्जित किया जा सकता है।

पहले ने कहा कि महाख्यानों से काम चलना बन्द हो चुका है रे, प्राचीन। यह छोटी-छोटी इलाक़ाई असहमतियों का युग है।

सिगरेट पीते दूसरे आदमी ने हूँ कहा और सीट से लुढ़ककर फ़र्श पर गिर गया।

पहला कवि उसे उठाकर बिस्तर पर लाया। कुछ देर बाद शुरू होते संवाद में दोनों ने ही यह माना कि कितने कम लोग आए थे कविता सुनने—फ़िल्मी गानों और मंचीय काव्य-पाठों के दौर में उन्हें सुनता कौन है।

दोनों ने ही माना कि उनकी अति गद्य कविताओं ने कविता को पाठक-विरुद्ध कर दिया था। वे इस बात से सहमत थे कि लोकप्रियता कला को नष्ट करती है लेकिन यह भी है कि श्रोता-विहीन और दर्शक-विहीन कला का क्या अर्थ। तो तय यह पाया गया कि दैनिक जागरण की जगह नवजागरण की ज़रूरत तो है।

अचानक दूसरे कवि ने पूछ लिया कि यार, तुमने एक पत्नी के अलावा एक और परिवार क्यों चला रखा था।

पहले ने कहा कि हरामख़ोर, प्रेम करने के लिए बहुत दुस्साहस और किसी बड़ी नैतिकता की ज़रूरत होती है।

दूसरे कवि ने पहले कवि पर नमकीन की प्लेट फेंकी जबकि पहले कवि ने दूसरे कवि पर शराब की आधी भरी बोतल।

इसके बाद पहला कवि बालकनी में यह कहकर चला गया कि वह ग़लत भाषा में निरर्थ काम करता रहा। यानी हिन्दी में कविता लिखने का।

सुबह हुई तो पता लगा कि काव्य-पाठ के लिए आए दो कवि बालकनी से गिरकर मर गए थे।

पुलिस की जाँच में उनके मरने की दो-तीन वजहों पर तफ़तीश चलती रही। एक अनुमान यह था कि तीन-चार लोग गेस्ट हाउस में क़रीब दो बजे रात में घुसे और उन्होंने उन कवियों को उनकी कविताओं की वजह से बालकनी से नीचे फेंक दिया जिनमें उन्होंने नई दुनिया

बनाने की बात की थी। कहा गया कि हमलावर रात में दीवार फाँद कर आए थे जो पिछले कुछ समय से ख़ुद नया समाज बनाने की बात करते रहे थे। दूसरी सम्भावना यह व्यक्त की गई कि कवियों ने कवि होने की निरर्थकता के दबाव में आत्महत्या कर ली। यह सम्भावना तो थी ही कि वे बालकनी से कूद गए यह सोचकर कि कवियों को कवियों की तरह जीना ही नहीं मरना भी उन्हीं की तरह चाहिए—एक रहस्यलोक से निकलकर वैकल्पिक आश्चर्यलोक की अतिरंजनाओं में छलाँग लगाकर।

नीले रंगों वाले

लगाते ही डीवीडी राइटर ख़राब निकला तो मैंने मरम्मत की दुकान में फ़ोन किया।

दुकानदार ने कहा कि किस टेकनीशियन को आपने दिया था बनाने को तो मैं ने कहा वो जो सिर झुकाए काम करता रहता है।

उसने कहा कि सर, यहाँ तो सारे सिर झुकाए काम करते हैं।

मैंने कहा वह जो बोलते हुए भूलता-सा जाता है तो उसने कहा कि बोलते हुए यहाँ सभी लड़खड़ाते हैं।

मैंने कहा कि वह जो काफ़ी मोटे लेंस का चश्मा लगाता है तो उसने कहा कि सर, हमारे यहाँ हर कोई मोटे लेंस का चश्मा लगाता है।

मैंने कहा कि अच्छा, वो जो चुप रहता है। उसने कहा कि यहाँ तो सारे ही बहुत चुप रहते हैं।

मैंने कहा वह जो बार-बार बोतल से निकालकर पानी पीता है। उसने कहा, सर, किसी एक की बात नहीं। मैं इन सबकी इस आदत से बहुत परेशान हूँ।

मैंने फ़ोन तो रख दिया लेकिन मैं यह ज़रूर सोचता रहा कि उस आदमी में कोई नायाब बात तो ज़रूर होगी।

फिर काफ़ी सोचने के बाद और उस आदमी को काफ़ी तरह से याद

करने के बाद मैंने फ़ोन करने का फ़ैसला किया कि अन्दर ही अन्दर सुलगकर जो आदमी नीला पड़ गया है, उस रंग के आदमी से बात करा दो। हो सकता है कि जवाब यह मिले कि सारे लोगों का कमोबेश यही रंग है।

जादू

यह जादू तो है मेरे पास कि मैं तकलीफ़ को कविता में बदल देता हूँ
और सौभाग्य को ख़ाक में।

आदिवास

जंगलों से घिरे झोपड़ में वेस्ता ने दीये की बाती तेज़ कर दी और थाली में मक्के की रोटी और लोटे में खट्टा मट्ठा रख दिया और कहा—यही है, तो मैंने कहा कि वेस्ता, इसी निर्विकल्पता के लिए यहाँ इस वन में आया था।

यह जीवन

अपने जीवन से मुझे बहुत सारे दृश्य एडिट करने हैं।

मैंने अपने फ़िल्म एडिटर से कहा कि मेरे जीवन को एडिट कर दो–कई दृश्य डिलीट कर दो।

उसने कहा, ठीक है। दोपहर के बाद बैठ जाएँगे आपकी फ़िल्म देखने। जो कहोगे हटा देंगे।

मैंने उससे कहा कि जीवन की फ़िल्म को लेकिन रिवाइंड करके देखना भी तो दुःसह है।

न मरने का कारण

यह पता नहीं किस तरह हुआ लेकिन हुआ यही कि आज दोपहर का खाना खाने के बाद जब मुझे नींद आने लगी तो मुझे लगा कि मेरा अन्त हो रहा है।

मेरी नींद टूट गई।

मैं खिड़की की तरफ़ गया और मैंने सोचा कि तब यानी कि मृत्यु के बाद खिड़की तक जाना नहीं होगा और उसके बाहर देख पाना नहीं होगा। मैंने चेहरे पर पसीना महसूस किया। मैं ने अपनी अंत्येष्टि में आने वालों की फ़ेहरिस्त बनानी शुरू की तो लगा कि किसी भी नाम को लेकर मेरे मन में निश्चिंतता नहीं है।

मैं 12 वीं मंज़िल पर रहता हूँ। मैं लिफ़्ट की तरफ़ गया और मुझे लगा कि मेरी मृत देह को लिफ़्ट में ले जाना मुश्किल होगा।

उस दोपहर मरने के बाद के झंझट को देखते हुए मैंने न मरने का फ़ैसला किया।

जो भी चाहे जान ले मेरे उजाड़ का ठिकाना

वह एक उजाड़-सा रेलवे स्टेशन था।

टिकट लेने के लिए एक बहुत पुरानी इमारत थी। वह किस रंग की थी यह बता पाना मुश्किल था फिर भी उसे देखकर जिस रंग का ख़याल आता था वह कत्थई था। लेकिन बहुत देर तक उस इमारत को देखो तो उस रंग का भी ख़याल जाता-सा लगता था।

एक ग़ायब होता हुआ थका-सा क्लर्क होता था जो लगता था कि पता नहीं कब से सोया नहीं था। उस इमारत के आसपास यहाँ-वहाँ लोग घूमते रहते थे कुछ इस तरह कि वे किसी सफ़र पर निकल सकते हैं। आसपास हाथ फैलाते बच्चे दिखते थे कि कुछ मिल जाए तो वह डबल रोटी खा लेंगे वरना पटरी के बग़ल गिरी चीज़ों को ढूँढ़ने निकल जाएँगे। लोगों में यात्रा को लेकर उदासीनता दिखती थी बावजूद इसके कि वे टिकट की लाइन में खड़े होते थे।

मैं सीमेंट की गर्म बेंच पर रेलवे आरक्षण का फ़ॉर्म भर रहा था। इस बीच एक दुबला-सा आदमी मेरी बग़ल आकर बैठ गया।

वह धीरे-धीरे मेरी तरफ़ खिसक रहा था।

बग़ल वाला आदमी बड़े जतन से कोशिश कर रहा था कि पढ़ ले कि मेरा नाम क्या है, मेरी उम्र कितनी है और मैं किस क्लास में यात्रा करने वाला हूँ।

वह मुझे मेरा नाम और उम्र जानकर जान लेना चाहता था जबकि मैं उसे अपने बारे में बहुत कुछ बताने के लिए तैयार था।

प्रेम

इस प्रेम की शुरुआत इस तरह से हुई कि जब एक स्त्री ने फ़ोन लगाया और दूसरे आदमी ने फ़ोन उठा लिया तो स्त्री ने यह पूछा कि आप कौन बात कर रहे हैं और पुरुष ने बहुत नर्मी से पूछा कि आप किससे बात करना चाह रही हैं तो स्त्री ने कहा कि फ़िलहाल तो वह बात करना चाह रही है तो पुरुष ने कहा कि कीजिए बात और वे बातें करने लगे और फिर रोज़ बातें करने लगे और फिर इतनी बातें करने लगे कि बातें ख़त्म ही न हों और फिर वे एक दूसरे से प्रेम करने लगे और फिर ज़्यादा प्रेम करने लगे और फिर इतना ज़्यादा प्रेम करने लगे कि जिसको महसूस करना और फिर सहना मुश्किल होने लगा और जब प्रेम को कह पाना और महसूस करना और सह पाना हदों से पार होने लगा तो उन्होंने कविताएँ लिखनी शुरू कर दीं और एक दूसरे को भेजनी लेकिन जल्दी ही कविताएँ कम पड़ने लगीं तो उन्होंने पुराने प्रेमों में लिखी कविताएँ नये प्रेम के लिए प्रयुक्त करना शुरू कर दीं और इस तरह पुराने प्रेम की सामग्री नये प्रेम में काम आने लगी और यह काम दोनों ने ही किया और दोनों के मन में यह भी था कि अगर कोई अगला प्रेम करना पड़ा तो इस प्रेम की सामग्री उस प्रेम में बख़ूबी काम आएगी।

आरण्यक

मेरे पास इस महीने का किराया नहीं है। इसका मायने यह हुआ कि मेरे पास अगले महीने का किराया भी नहीं है। और उसके बाद के

महीने का भी। मेरे पास पिछले महीने का किराया भी नहीं था। मेरे पास इस महीने राजनीति है लेकिन किराया नहीं है। मेरे पास पिछले महीने राजनीति थी लेकिन किराया नहीं था। मेरे पास पिछले के पिछले महीने किराया नहीं था जबकि राजनीति थी। बहुत राजनीति हो तो किराया होने से रह भी जाया करता है। मकान भी। तब अरण्य बचता है विकल होने के लिए।

और

लिखने

के

लिए

आरण्यक।

गेम

मेरे बहुत बग़ल से गोलियाँ चलने की आवाज़ें आ रही थीं तो मैं ने देखा कि एक आदमी वीडियो गेम चलाए हुए था और उसका चेहरा भिंचा हुआ था जिसमें मारने की क्रूरता थी और जब उसने मुझे अपनी तरफ़ देखते हुए देखा तो उसके चेहरे की हिंसा अधिक प्रगाढ़ हो गई और मैंने डर महसूस किया लेकिन वह डर बहुत देर तक मेरे साथ नहीं रहा बल्कि मेरे मन में यह आया कि उससे कहूँ कि क्या उसके पास आदमी को बचाने का वीडियो गेम भी है।

कंधे पर हाथ रखने की राजनीति

आए दिन ड्राइवर के कन्धे पर हाथ रखने वाले और उसका वीडियो बनाकर फ़ेसबुक पर डाल कर इस बात का मुज़ाहिरा करने वाले कि वह अपने नौकर चाकरों से कितना आत्मीय है एक मालिक के कन्धे पर जब एक दिन ड्राइवर ने भी हाथ रख दिया तो मालिक को कुछ समझ में आया और कुछ समझ में नहीं आया कि यह हो क्या गया कि ड्राइवर ने उसे उसके बराबर मान कैसे लिया और उसकी हिम्मत कैसे हुई कि वह उसके कन्धे पर हाथ रख दे कि यह उसकी ही ग़लती थी कि उसने ड्राइवर को यह छूट दी लेकिन अब वह करे तो क्या और ड्राइवर को इसकी कौन सी सज़ा दे—वह लगातार सज़ा के बारे में सोचता रहा और बहुत उचाट रहा और कुढ़ता रहा और तड़पता रहा कि कैसे इस बारे में सोचे न लेकिन और कुछ उसके दिमाग़ में आता ही नहीं था सिवाय इसके कि जो उसके बराबर नहीं है और जिसने उसके बराबर होने की कोशिश की उसके समान होने के दुस्साहस को किस तरह से डील किया जाए तो उसने ड्राइवर को सबसे बड़ी सज़ा देने का फ़ैसला किया जो मौत से कम क्या होती तो उसने ड्राइवर को गोली मारने का निश्चय किया और इस के लिए एक सुनसान जगह पर ड्राइवर को कार रोकने के लिए कहा कि वह पेशाब करना चाहता है और ड्राइवर उसका तौलिया लेकर बाहर आ जाए और जब ड्राइवर बाहर आ गया तो अपने को मालिक समझने वाले ने उससे जिसे वह अपने से बहुत छोटा समझता था कहा कि उसे वह इस बात के लिए गोली मार देना चाहता है कि मालिक के बराबर अपने को समझने

का ख़याल उसके दिमाग़ में आया ही कैसे तो ड्राइवर ने कहा कि यदि रिवॉल्वर चलाना ही है तो इसका ऐतिहासिक इस्तेमाल कीजिए और सब बराबर नहीं हैं इस विचार पर चला दीजिए गोली जिसे सुनकर मालिक को कुछ ज़्यादा समझ में नहीं आया और वह कुछ विभ्रम की स्थिति में ही था तो ड्राइवर ने मालिक के काँपते हाथों से पिस्तौल ले ली और अपने को ऊपर समझने वाले पर गोली चला दी यह कहते हुए कि सब बराबर नहीं हैं के विचार पर मैं गोली चला रहा हूँ – एक ऐसी हरकत जो अधीन माने जाने वाले द्वारा अधिपति के कन्धे पर हाथ रखने के विचार से अधिक मूलगामी, समकालीन और फ़ोटोजेनिक है और सात्विक हिंसा का वक्र-तिर्यक उदाहरण।

सरकार

सरकार का दावा था कि उसे लोगों ने चुना है—सरकार लोग थी।

लेकिन सरकार के सारे काम लोगों के विरुद्ध थे।

जो ढाँचा बना था उससे लगता था कि लोग अपने विरुद्ध हैं।

ये धुआँ

जंगल में आदमी ने सारे पत्ते बटोरकर बोझ बनाकर सिर पर रख लिया।

वह चल पड़ा तो पेड़ ने कहा कि इन पत्तों का तुम करते क्या हो।

आदमी ने कहा, हम बीड़ी बनाते हैं।

पेड़ ने कहा यार, पिलाई तो कभी नहीं।

आदमी बहुत शरमाया।

उसने कहा कि अगली बार आऊँगा तो बीड़ी का पूरा बंडल लेकर आऊँगा।

पेड़ ने कहा ठीक है, कॉमरेड।

पेड़ ने यह भी कहा कि गृहमंत्री सोचेगा कि ये धुआँ कहाँ से उठता है।

सब कुछ को लुटा देने का सुख

मैं घर से निकला तो मैंने सोचा कि मैंने गीज़र तो ऑन नहीं छोड़ दिया है।

और कहीं गैस तो नहीं खुली है।

और अगर नल खुला रह गया होगा...तो।

और अगर हीटर चला रह गया होगा...तो।

मेरी ग़ैरमौजूदगी में पता नहीं क्या होगा।

हो सकता है कि घर राख मिले या पानी में डूबा।

हो यह भी सकता है कि क्रान्ति हो जाए और जब मैं अटैची के साथ घर पहुँचूँ तो पता लगे मेरे घर में एक आदिवासी रह रहा है।

मैं दरवाज़ा खटखटाऊँ—वह दरवाज़ा खोलकर दहलीज़ पर खड़ा हो जाए और मैं उसे देखकर विस्मित होता रहूँ।

और मुझमें सब कुछ को लुटा देने का सुख दिखे उसे।

कहन

मैं एक ज़रूरतमंद की तरह उससे मिलता। अमूमन वह किसी रेस्तराँ में मिलने के लिए कहता। जगह के चुनाव को लेकर मैं घबराता लेकिन मैं हाँ भी कर देता। मिलते ही वह कहता कि मुझे तो भूख लगी है। आपको? वह चाहता था कि मैं कहूँ कि मुझे तो नहीं लगी है। लेकिन पैदल, बस, मेट्रो में हलकान होने के बावजूद मैं स्याह चेहरे और सूखते होंठों से उससे यह कहता था कि मुझे भूख नहीं लगती। इससे वह जितना आश्वस्त होता, शर्मिंदा भी उतना ही।

निम्फ़ो

मैंने उसे गार्ड रूम में देखा था।

वह चीज़ों को पसन्द करने या नापसन्द करने की सख़्ती के साथ देखती थी- इसलिए वह एकटक देखती थी। मेरी तरफ़ भी वह इसी तरह देखती कि जैसे दीवार को ड्रिल कर रही हो। मुझे लगता कि मैं उसके पास अपने को छिपाके ले जाऊँ। वह गार्ड रूम से निकलकर घूमती रहती—उसे लेकर यह शिकायत रहती कि कंजी आँखों वाली लड़की अपने को पता नहीं क्या समझती है—अपनी जगह पर मिलती ही नहीं।

एक दिन जब वह आई मैं हाउसिंग सोसायटी के बेसमेंट में मौजूद लायब्रेरी में अकेला बैठा हुआ था। वह मुस्कुराई और बोली कि लाइट और लायब्रेरी बन्द करने आई हूँ। मैंने किताब बन्द करते हुए कहा कि ठीक है। कर दो बन्द। उसने पहले एक ट्यूब रॉड बन्द किया फिर दूसरी ट्यूब लाइट को बन्द करने के पहले वह मुझे देखती रही और बोली, थोड़ा बैठ जाऊँ। मैंने कहा, क्यों नहीं। मैंने उससे कह दिया कि वह बहुत सुन्दर है। इस पर उसने कहा कि वह जानती है। फिर उसने कहा, सुन्दर होना यातना है। मैं उसकी तरफ़ देखता रहा तो उसने कहा कि हर कोई मुझे पाना चाहता है और इसके बाद क़ैद करना चाहता है। तब मैं उसे छोड़ देती हूँ। मैंने छह पुरुषों को छोड़ा - तीन प्रेमी और दो पति। और छठा, मैंने पूछा तो उसने ख़ूब हँसकर कहा कि वह प्रेमी और पति के बीच की कोई चीज़ था। लोग मुझे आदमख़ोर कहते हैं, उसने बहुत उदास होकर कहा। फिर वह हँसी—क्या मैंने आपको खाने की कोशिश की। मैंने कहा : भवानी। उसने कहा : जी। मैं तुम्हारी तरह स्वतंत्र होना चाहता हूँ, यह मैंने धीमी आवाज़ में कहा जो उसने नहीं सुनी लेकिन उसने मुझसे अपना वाक्य दोहराने के लिए नहीं कहा। उसने अपनी ड्यूटी निभाई : लाइट बुझा दी। मैं उसके पीछे चलने लगा—जिसे निम्फ़ो कहा जाता था उसके। मैंने उसके कन्धे पर हाथ रखा तो वह तेज़ी के साथ आगे बढ़ गई। उसे बहुत बुरा लगा था और मैंने अपने गिरने की आवाज़ सुनी थी। मैं रैंप पर फिसला था। अगले रोज़ वह फिर बत्तियाँ बुझाने और लायब्रेरी बन्द करने आई। मैंने कहा कि सौन्दर्य और किताबें अँधेरा नहीं फैलने देते। वह सामने कुर्सी पर बैठ गई। उसने मेज़ पर अपना सिर रख

दिया और बहुत धीमे से शायद यह बोली कि इस बात को न मानने के कारण लगातार बढ़ रहे हैं।

जिस दिन मैं बेसमेंट में लायब्रेरी में बैठा था वह आते हुए दिखी। वह मेज़ पर सामने बैठ गई। उसने लाइट बन्द करने और लायब्रेरी बन्द करने की बात कही। मैं उसे देखते रहना चाहता था। उसने लाइट बन्द करते हुए कहा कि प्रेम की पुरुष पहल अपराध की गुंजाइश तलाशना क्यों है। अँधेरा होने की वजह से उसकी आवाज़ ज़्यादा गूँज रही थी। उसने कहा कि वह सारे पुरुषों को किसी तहख़ाने में बन्द करके एक भारी-सा ताला लगा देना चाहती है और चाबी का गुच्छा खनकाते हुए पूरी पृथ्वी पर निश्चिंत घूमना चाहती है।

निम्फ़ो कही जाने वाली लड़की को सात लोगों ने मिलकर मार डाला। उन सातों के बीच आपराधिक एकता उस लड़की के प्रति आकर्षण ने पैदा की थी जिस पर अभियोग था कि उसने सबको धोखा दिया था। इस तरह का सपना मैंने मेज़ पर सिर रखे हुए देखा। इस बेहद फ़िल्मी सपने में मैंने यह भी देखा कि पोस्टमार्टम रिपोर्ट में वर्जिन पाई गई थी निम्फ़ो कही जाने वाली लड़की। एक डरावने सपने से जागकर मैं उस लड़की से तुरन्त मिलकर उसका हाल पूछना चाहता था लेकिन वह मुझे ताले में बन्द करके पृथ्वी के पता नहीं किस छोर पर चाबी का गुच्छा खनकाते हुए घूम रही थी।

फालतू एक दिन भी न जिऊँ

फालतू अगले इतवार तक भी न जिऊँ और समुद्र के किनारे एक बढ़िया बन्दूक़ से ख़ुद को गोली मार लूँ हेमिंग्वे की तरह या सांस्कृतिक साँय साँय में किसी ख़तरनाक आसक्ति के दौर में गोरख पांडे की तरह दस रुपए की रस्सी से लटक जाऊँ। एक उपन्यासात्मक और काव्यात्मक मृत्यु मर जाऊँ। प्रेम में पकड़ा जाऊँ और लटक जाऊँ आम की डाल से कि नहीं मंज़ूर प्रेम की वैधता-अवैधता पर खाप फ़ैसला।

तस्वीर अगर हटा दी जाए

एक आदमी जो मैं था लगभग हर इतवार की सुबह फ़र्नीचर को इधर-उधर कर दिया करता था।

इससे घर अलग लगने लगता था—पुरानी ऊब से थोड़ा बाहर आता हुआ। कुछ नया जिसमें पुराने की याद बाक़ी हो।

मतलब कि दीवार पर लगी तस्वीर को अगर हटा दिया जाता था तो लगता था कि घर में ज़्यादा जगह हो गई। और साँस के लिए हवा ज़्यादा मिलने लगी।

तो जो चीज़ जहाँ बहुत दिनों से रखी थी मैं उन्हें इतवार की सुबह कविता, समाज और कमरे में इधर-उधर करता रहा।

लैंडमार्क

हम लोग किसी के घर जा रहे थे।

जिसके घर हम जा रहे थे उससे हमने मोबाइल पर कहा कि हाँ, भाई, ज़रा कोई लैंडमार्क बताना—कि जिसे देखकर हम घर ठीक से पहुँच जाएँ।

उसने कहा कि मैं ही लैंडमार्क हूँ। और मैं एक आदमी जैसा दिखता हूँ।

मेरे पास एक भाषा में पुकारने का हुनर है।

अलबत्ता बहुत-सा इन्तज़ार करने के बाद मुझे निराशा होने लगती है और पसीना आने लगता है और मैं थकने लगता हूँ। और ज़्यादा धूप हो तो मैं छाया में खड़ा होना चाहता हूँ। और ज़्यादा ठंड में मैं नीला पड़ने लगता हूँ। और किसी दोस्त को देखकर मेरा हाथ ख़ुद-ब-ख़ुद उठ जाता है।

तो मैं बहुत आदर्श लैंडमार्क तो नहीं हूँ—न हिलने-डुलने वाला लैंडमार्क मैं नहीं हूँ : मुझमें बहुत सारे बदलाव होते रहते हैं।

मैं एक नागरिक हूँ जिसे यह सोचकर कि यह एक लैंडमार्क है अधिनायक सबसे पहले ढहाते हैं।

उपन्यास

एक दिन मुझे यह लग गया कि मैं जीवन से ऊबा हुआ हूँ और मेरे सम्बन्ध नष्ट हो चुके हैं लेकिन मैंने आत्महत्या की कोशिश फ़िलहाल नहीं की है।

मेरे ख़याल से मैं उपन्यास के पूरा होने तक रुकूँगा।

मतलब कि उसके पहले मैं मरने के बारे में नहीं सोच सकता। उसके पहले मैं किसी दुर्घटना में भी नहीं मरना चाहता। लेकिन मैं जितनी तेज़ी के साथ उपन्यास को ख़त्म करना चाह रहा हूँ, वह उतना ही ज़्यादा वक़्त ले रहा है।

जीवन और उपन्यास दोनों एक दूसरे के साथ इस तरह से गड्ड-मड्ड हो जाएँगे, मैंने नहीं सोचा था। अमूमन जब मैं किसी चायघर या रेस्तराँ या पार्क की बेंच पर बैठा होता हूँ या कूड़े के ढेरों या जलाई गई बस्तियों या उजाड़ दिए घरों के बीच से गुज़र रहा होता हूँ तो यही देख रहा होता हूँ कि किस तरह से दोनों—जीवन और उपन्यास—एकमेक हो गए हैं।

मैं कितना भी चाह लूँ, न उपन्यास को ख़त्म होने की जल्दी है, न जीवन को।

न मरने का एक और कारण

दुकान के टेबलटॉप पर ठोढ़ी रखकर वह बाहर देख रहा था और अपने दुर्भाग्यों के बारे में सोच रहा था और यह भी कि क्या दुनिया को उसे सताने के लिए बनाया गया था।

जब वह यह सब सोच रहा था तो दुकान में सामने से एक आदमी आता दिखा जो उसे ख़ुद जैसा ही पराजित और हताश लगा।

उसने आते ही 10 कंडोमों वाला पैकेट ख़रीदा और एक कैंची। फिर एक-एक कंडोम निकालकर वह उन्हें काट-काट कर फेंकने लगा। डिपार्टमेंटल स्टोर वाले मुलाज़िम ने कहा, ये क्या कर रहे हो। उस आदमी ने कहा कि वह इच्छाओं को काट कर फेंक रहा है।

दुकान के मुलाज़िम ने कहा कि मुझे भी अपनी ग़ुलामी को काट कर फेंकना है। दुकान का मालिक मुझे सुबह आठ से रात नौ तक दुकान की नौकरी करवाता है। मैं ग़ुस्से से भरा रहता हूँ लेकिन जैसे ही कभी-कभी वह सामने आता है तो वह मुझे दुत्कारता है और मैं कुत्ता बन जाता हूँ।

दुकान के मुलाज़िम ने काउंटर से बाहर आकर जेब से सिगरेट निकाली और उसे जलाया। कंडोम काटने वाले आदमी ने महसूस किया कि सामने वाला आदमी अपनी जलती सिगरेट से ज़्यादा सुलग रहा था। वह कंडोम काटता रहा जबकि दूसरा आदमी अपने अँधेरे को काटने के किसी उपाय के बारे में सोचता रहा।

कुछ देर बाद दुकान का मुलाज़िम काँपते हुए दोबारा काउंटर के पीछे चला गया।

कंडोम काटने वाले आगंतुक ने कहा कि मुझे भालू के चेहरे वाला मास्क दे दो। मुलाज़िम ने ऐसा ही किया।

कंडोम काटने वाले आगंतुक ने वह मास्क पहन लिया। उसे लगा उसका दम घुट जाएगा। उसने मास्क उतार दिया। उसने कहा कि मनुष्य होने से बेहतर कुछ नहीं है और इच्छाओं का कोई बड़ा उपयोग ज़रूर होगा जिसका अन्दाज़ा उसे नहीं है।

उसने काँच के टॉप पर सिर पटककर कहा कि वह जीना नहीं चाहता।

दुकान के मुलाज़िम ने भी फुसफुसाकर कहा कि वह भी जीना नहीं चाहता।

तो वे दोनों जीना नहीं चाहते थे।

दुकान के मुलाज़िम ने दुकान के बन्द होने के समय दुकान को बन्द किया तो उसका इन्तज़ार करता कंडोम ख़रीदने वाला आदमी उसके साथ हो लिया। चलते हुए उन्हें इस बात को लेकर घबराहट हुई कि वे जीना नहीं चाहते।

सड़क पर चलते हुए दुकान के मुलाज़िम ने कहा कि उसने एक ऐसी होम्योपैथिक दवा के बारे में सुन रखा है जो आत्महत्या के विचार से विरत करती है। तो मरने से घबराए वे दोनों वह दवा ख़रीदने होम्योपैथी की किसी दुकान की खोज में निकल पड़े।

वे कुछ दूर ही गए थे कि उन्हें सड़क के किनारे एक बेंच पड़ी दिखी जो किसी चाय वाले ने डाल रखी थी। वे वहाँ बैठ गए। उन्होंने दो घनघोर दूध और चीनी वाली चाय बोली। जल्दी।

कंडोम ख़रीदने वाले आदमी ने अचानक कुछ कहा जिसका सारांश यह था कि दुकान का मुलाज़िम जिस वजह से मरना चाह रहा है वह दरअसल कोई वजह है नहीं। उसने कहा कि जब उसका मालिक उसको कुत्ता कहता है तो उसे भूँकना शुरू कर देना चाहिए और फिर काटने के लिए उसकी तरफ़ दौड़ पड़ना चाहिए। दुकान के निरुपाय मुलाज़िम के मुँह से वाह निकल गया। उसे लगा कि यह तो बहुत मामूली काम है—एक क्रिया की प्रतिक्रिया। इस काम को करके वह आत्महीनता से बाहर आता दिख रहा था, प्रतिकार हो रहा था और आत्मसम्मान बच रहा था। इसमें नौकरी जा सकती थी लेकिन साहस का जीवन बदले में मिल रहा था।

कंडोम काटने वाला आदमी दुकान के दुखी मुलाज़िम को ख़ुश देखकर ख़ुद भी ख़ुश हो गया और उसे लगा कि उसने एक आदमी को बचाया। उसने जब यह देखा कि उसकी सलाह की वजह से दुकान का मुलाज़िम कम निराश और कम निरुपाय दिखने लग गया है तो उसे लगा कि वह भी उतना निरर्थक नहीं है जितना वह ख़ुद को मान बैठा था और अवसाद में डूब गया था। तो हुआ यह कि उस चाय की दुकान पर बहुत मीठी बहुत दूध वाली चाय पीते-पीते वे दोनों अपनी-अपनी हताशाओं से बाहर आते गए। आत्महत्या से विरत करने वाली दवा के बारे में वे भूल गए। अलबत्ता उन्होंने यह ज़रूर तय किया कि वे टी-स्टाल पर अगले दिन भी मिलेंगे।

दुकान के मुलाज़िम से विदा लेने के बाद जब कंडोम काटने वाला आदमी बस में बैठा तो वह जिस स्त्री के बग़ल में बैठा वह सिलाई करके अपना गुज़र-बसर करती थी। आदमी ने यह जानकर उससे पूछा कि क्या वह एक नई कैंची लेना चाहेगी तो मुँहफट स्वभाव वाली उस स्त्री ने पूछ लिया कि वह कैंची लेकर क्यों घूम रहा है और जब उसने यह बताया कि इच्छाओं को काटने के लिए उसने कैंची ख़रीदी थी तो शहर में अकेली पड़ी उस स्त्री ने उस डेढ़-दो घंटे लम्बे सफ़र में

यह बात साफ़ कर दी कि वह जो अकेली है और वह जो अकेला है वे दोनों मिल जाएँगे तो अकेले वे नहीं रह जाएँगे और फिर वे दोनों मिलकर कैंची से अँधेरे को काटेंगे।

एक आदमी जैसा एक और

उस समय पता नहीं कितना बजा था लेकिन अँधेरा था और जिस आदमी ने दरवाज़ा खटखटाया था और दरवाज़े से दाख़िल हो रहा था, वह भी लगभग उसी उम्र का लम्बा-सा आदमी था जैसा वह आदमी जिसने दरवाज़ा खोला और जिसने कहा कि मैं तुम्हें याद ही कर रहा था और आगंतुक को वहाँ लेकर गया जहाँ टेबल लैम्प जला था और काग़ज़ों पर खुला हुआ क़लम लुढ़का पड़ा था जिन्हें देखते हुए दरवाज़ा खोलने वाले आदमी ने दरवाज़ा खटखटाने वाले और दरवाज़े से दाख़िल होने वाले आदमी से कहा कि वह उसे अपनी नई कहानी सुनाना चाहता है जिसे सुनकर जो आदमी आया था उसके चेहरे का रंग ताम्बई से हरा हो गया और वह एक ख़ाली कुर्सी पर बैठ गया लेकिन वह इतना उद्विग्न था कि तुरन्त ही खड़ा भी हो गया जबकि उसे लगा कि वह खड़ा रहा तो गिर जाएगा तो खड़ा होने के बाद वह लड़खड़ाए न इसलिए वह दीवार से टिक गया—ऐसा भूखा होने की वजह से नहीं हुआ था : उसने नाश्ता किया था और दोपहर का खाना उसने खाया था—किसी भी दिन की तुलना में ज़्यादा खाया था इस चिन्ता में कि उसका जीवन इस क़दर बिगड़ता कैसे गया।

आने वाले आदमी को लगा कि उसे एक लम्बी बात करनी है लेकिन जब उसने बोलना शुरू किया तो लगा कि उसे बहुत कुछ नहीं कहना था और जब उसकी बात बहुत जल्दी ख़त्म हो गई तो उसका सार यह था कि कहानी लेखक की लगभग सारी कहानियाँ दरवाज़ा खटखटाकर आने वाले पर ही लिखी जाती रही हैं और उसका अपना पूरा जीवन, उसकी हरकतें, उसका ओछापन, उसकी नीचताएँ, उसका अक्षम्य व्यवहार, उसकी विफलताएँ—सब कुछ उन कहानियों में आता रहा है और सारी दुनिया उनके बारे में जानती रही है।

कहानी लिखने वाले ने जब आगंतुक मित्र से यह सुना तो उसका पीला रंग गहरे लाल में बदल गया—उसने फ्रिज खोला और वोदका उसके सामने लाकर रख दी और ख़ुद अपने लिए व्हिस्की का गिलास बनाया जिसे जब तक वह उठाकर अपने होंठों से लगाता आने वाले आदमी ने अपनी वोदका ख़त्म करने में देर नहीं की जबकि कहानी लेखक अपनी व्हिस्की ख़त्म करने में जल्दबाज़ी नहीं दिखा रहा था।

आने वाले आदमी ने कहा कि वह इस बात से हैरान भी था कि कैसे उसका कहानी लेखक मित्र कुछ ऐसी बातों के बारे में जानता था जिन्हें केवल वह ही जानता रहा था।

मैं तुम्हें मारने के लिए आया हूँ, आने वाले आदमी ने, जो देह से बहुत भारी था, रंज और तकलीफ़ के साथ कहा।

कहानी लेखक ने कहा कि वह अपनी हाल की कहानियों से इतना निराश है कि उसे मरना ठीक लगेगा और वह मरने का इन्तज़ार करता रहा लेकिन जब कुछ नहीं हुआ तो उसने कहा कि अगर तुम सोचते हो कि मेरी कहानियाँ तुम्हारे ऊपर लिखी गई हैं तो मैं तो सोचता रहा कि वे कहानियाँ मैं ख़ुद पर लिख रहा था।

फिर उसने आने वाले आदमी से कहा कि मैं मरने से पहले तुम्हें एक बात बताना चाहता हूँ कि दरअसल सारे लोग एक दूसरे से बहुत मिलते-जुलते हैं और इसलिए यह मुमकिन है कि जो कहानियाँ मैं

ख़ुद पर लिखने का भ्रम पाल रहा था उसे तुम ख़ुद पर लिखी जाती कहानियाँ मानते रहे।

कहानी लेखक खिड़की के पास गया और बाहर देखता रहा और लगभग न सुनी जाती आवाज़ में उसने कहा कि एक आदमी दूसरे आदमी से काफ़ी मिलता है।

दरवाज़ा खटखटाकर आने वाले आदमी ने वोदका के नशे में भी कहानी लेखक को ठीक से सुना और अब उसकी जिज्ञासा इस बात को लेकर थी कि एक आदमी दूसरे आदमी से किस तरह बहुत मिलता है क्योंकि उसके पास तो एक आदमी से दूसरे आदमी के अलग होने के वृत्तान्त ही थे—बहुत नशे में भी इसके प्रमाण हासिल करने के लिए कि एक आदमी दूसरे आदमी से काफ़ी मिलता है, वह कम खुले दरवाज़े से बाहर निकल गया।

जंगलों में जो मारा गया

मैंने जब यह सुना कि वह जंगलों में मारा गया तो मेरे हाथों में काँच का जो गिलास था, वह गिरा और टूट गया। मैं काफ़ी देर तक काँच की किरचों को उठाता रहा।

इस बीच पड़ोस से ये आवाज़ें आती रहीं कि मैं किसी का ग़ुलाम नहीं हूँ। ऐसा कहकर कोई अपने ग़ुस्से का इज़हार कर रहा था। यह नहीं मालूम कि उसे इस वाक्य की ऐतिहासिक महत्ता का कोई अन्दाज़ा था या नहीं। इसके बाद जब मैंने उठना चाहा तो लगा कि मैं तो उठ ही नहीं पा रहा हूँ।

किसी तरह कमर सीधी की तो खिड़की से कोई आता हुआ दिखा। कमर पकड़े मैं सोचता रहा कि कौन हो सकता है।

मैं पहचान नहीं पा रहा था लेकिन खिड़की से हट भी नहीं पा रहा था। वह आदमी पहचाने जाने के पहले ही बीच से कहीं ग़ायब हो गया।

मुझे लगा कि यह तो वही आदमी है जिसके न होने की ख़बर सुबह किसी ने फ़ोन पर दी थी। तो क्या जिस आदमी के मरने की ख़बर आई थी, वह ज़िन्दा है?

दोपहर के बीतते न बीतते एक ऐसा आदमी आया जिसे मैं ज़्यादा नहीं जानता था। उसने कहा कि मुझे लगता रहता है कि मैं कहीं और रहना चाहता हूँ, कुछ और दिखना चाहता हूँ, कुछ और करना चाहता हूँ। मुझे ऐसा क्यों लगा कि वह आगंतुक मैं ही था।

मैंने खिड़की से पौधों को देखा और उनकी तरफ़ बढ़ गया। मैं पौधों में पानी देता रहा। मैं उनसे माफ़ी माँगता रहा कि कई दिनों से मैं उनके पास नहीं आ पाया था।

इसके बाद मैंने पुराने अख़बारों को सँभालना शुरू किया जिसमें मुझे इसलिए काफ़ी देर लग गई क्योंकि मैं अख़बारों को पढ़ता भी रहा जो लड़कियों पर एसिड फेंके जाने, फ़ुटपाथ पर मज़दूरों के ऊपर गाड़ी चढ़ जाने के प्रसंगों, जजों के घूस लेने की अफ़वाहों, और बुरी फ़िल्मों के बखान से भरे थे।

मैंने एक फटे पाजामे को सिया और क़मीज़ की टूटी बटन लगाई। इसके बाद मैं दीवार में कील ठोंकता रहा ताकि नई तारीख़ों वाला कैलेंडर वहाँ लगाया जा सके। फिर मैं धूप में एक फटी किताब की मरम्मत में लग गया। पता लगा कि उसके बीच के पेज तो ग़ायब हैं। इस बात ने मुझे बहुत डिप्रेस कर दिया और मैं उन पेजों की तलाश में किताब की आलमारियाँ देखने लग गया। इस हड़बड़ी में पूरी आलमारी मेरे ऊपर गिर गई लेकिन मैं एक उपन्यास के पात्र की तरह किताबों की आलमारी के नीचे दबकर मर नहीं गया जबकि इस तरह की मृत्यु मैं चाहता रहा हूँ। उस दिन मैं एक पागल की तरह बड़बड़ाता रहा और एक कवि की तरह बचा।

विफल लोगों को थकान के बाद जैसी गहरी नींद आती है मुझे वैसी ही गहरी नींद कुछ खाने के बाद आ गई। फिर जल्दी ही जागकर मैंने अपनी साइकिल में हवा भरी। ये सारे काम करते हुए मैंने उस आदमी का इन्तज़ार करना जारी रखा जो खिड़की से दिखा था लेकिन जो आया नहीं था और जिसकी मृत्यु की ख़बर सुबह आई थी।

आसपास बहुत सारे

बादल थे और पानी बरसने वाला था।

मैं घर से निकला ही इसलिए कि बादल थे और पानी बरसने वाला था और मैं बरसते पानी में आम ख़रीदना चाहता था।

ये दिन मुझे बचपन के उन दिनों की याद दिलाया करते थे जब मैं तेज़ हवा और पानी में आम के बाग़ात की तरफ़ निकल जाया करता था। हवा और पानी में गिरते आम मैं बीनता—कई दफ़ा वो मेरे सिर पर उल्का की तरह गिरते। मेरा सिर भन्ना जाता लेकिन आम बीनना मैं जारी रखता।

कई बार घर लौटने के पहले आमों के गट्ठर को पास बहती छोटी-सी नदी के किनारे रख दिया जाता। इसके बाद एक आम चुना जाता, उसकी घुंडी नोची जाती, चोपी गार दी जाती, आम को नदी के पानी में हिलाया-धोया जाता और फिर आम का चूसना शुरू होता। उस समय तक ये आम एक क्रूर और बावले और आत्मरत तानाशाह के छद्म अनुभवों से दाग़दार नहीं हुए थे।

आम बदलते मौसमों की सूचना थे जबकि नदी शाश्वतता की।

मैं आम के थैलों के साथ भीगा-भीगा मछुआरे सरीखा घर पहुँचता तो पिता बहुत ख़ुश होते।

उन्होंने सपने में भी नहीं सोचा होगा कि मैं एक मटमैले शहर में रहने

जाऊँगा और आम मुझे ख़रीदने होंगे। लेकिन हर पीढ़ी अपने फ़ैसले लेती है—कब कहाँ रहना है और कब किस जगह को छोड़ना है और कौन सी लड़ाई कब किस तरह लड़नी है।

उस दिन मैंने आमों को ख़रीदने की घोषणा की तो मेरा बेटा उल्लास से भर गया लेकिन जिसे उसने ज़ाहिर नहीं होने दिया। मेरा बेटा घास की नोक-सा अदृष्ट और धूसर ख़रगोश-सा अमूर्त है। तो मैं उसके लिए आम ख़रीदने निकला। और निकला भी इसलिए कि पानी बरसने वाला था।

मुझे मालूम था कि आम के ठेले किन सड़कों पर हुआ करते हैं।

मैं उन्हीं सड़कों से आगे बढ़ने लगा। आम थे लेकिन महँगे थे। मैं चलता रहा। पूछता रहा। टपासता रहा। लेकिन ढंग के आम महँगे थे—कम से कम मैं उन्हें नहीं ख़रीद सकता था।

मैंने सोचा कि बेटा ख़ाली झोला देखकर निराश होगा।

मैंने तय किया कि मैं घर देर से पहुँचूँगा। उस समय तक वह सो चुका होगा।

मैं घूमता रहा। बेवजह। बेमतलब।

मुझे लगा कि आसपास बहुत सारे लोग टहल रहे हैं। और ये वे लोग हैं जो देर से घर पहुँचना चाहते हैं क्योंकि जो चीज़ लेकर पहुँचने का वादा उन्होंने किया था, वह उन्हें मिल नहीं पाई है।

मैंने बग़ल के आदमी से पूछा कि क्या वह आम नहीं ख़रीद सका तो उसने कहा कि वह अपनी बेटी के लिए योग्य वर नहीं ख़रीद सका।

एक दाढ़ी वाले आदमी ने कहा कि बदलाव के लिए जो विचार, सामग्री और लोग उसे इकट्‌ठा करने हैं, वह उन्हें नहीं जुटा पा रहा। इसलिए वह घर जाने को मुल्तवी किए है। उसने यह भी कहा कि उस पर नज़र रखी जा रही है। उसका चेहरा चिन्ताओं और घने बालों से छिपा हुआ था।

एक स्त्री ने कहा कि पति के सामने समर्पण और उसके साथ सोने का उसका मन ख़त्म हो गया है। इसलिए वह घर नहीं जाएगी। उसने कहा कि मैंने उसे साथी समझा था। वह सामन्त निकला।

मैंने तय किया कि जो आदमी सामने से आ रहा है उससे पूछूँगा कि वह कौन-सी चीज़ घर नहीं ले जा पा रहा। और उसके पीछे आ रहे आदमी से भी।

इस बीच इमारत गिर सकती थी

उसने कहा था कि वह चार बजे आ जाएगा तो मैं जल्दी पहुँचकर साढ़े तीन बजे से ही उसका इन्तज़ार करने लगा था।

यह इमारत काफ़ी उजाले में थी लेकिन इसके भीतर घुसते ही इसका उजाला ख़त्म हो जाता था। इमारत में लिफ़्ट नहीं थी जबकि इमारत काफ़ी ऊँची थी और मुझे चौथी मंज़िल पर जाना था।

सीढ़ियों पर धूल और अँधेरा दोनों थे। और तल आते ही पेशाब की बदबू आनी शुरू हो जाती थी।

पहली मंज़िल के बाद मुझे यह लगने लगा कि इमारत गिर सकती है। लेकिन जब एक लड़की इमारत के दूसरे तल से पहले तल की ओर उतरते हुए मिली तो लगा कि इमारत शायद इतनी कमज़ोर न हो। फिर भी मैंने लड़की से कहा कि ऐसा लगता है कि यह इमारत गिर सकती है तो उसने कहा कि ऐसा पहली बार लगता है।

मैंने कहा इसका मतलब यह है कि इस इमारत में पहली बार नहीं आना चाहिए तो उसने कहा कि इसका मतलब यह हुआ कि पहली बार आने के बाद यहाँ दूसरी या तीसरी बार आना चाहिए।

मैंने कहा कि क्या यह इमारत वाक़ई गिरने वाली है तो उसने कहा कि हो सकता है कि ऐसा हो। लेकिन यह कुछ इस तरह का डर होगा कि सरकार गिरने वाली है।

मैंने कहा कि लेकिन मुझे इस बात का कोई मलाल नहीं होगा कि सरकार गिर गई।

लड़की ने कहा कि उसे भी इस बात का मलाल नहीं होगा कि इमारत गिर गई। मैंने कहा कि अगर इमारत गिर गई तो...तो मैं अपने बेटे का फ़ोन नहीं सुन पाऊँगा।

लड़की ने कहा कि अगर इमारत गिर गई तो उसे घर नहीं लौटना पड़ेगा।

मैं चौथी मंज़िल पर पहुँचा तो पसीने से भीगा हुआ था और चार सौ तीन नम्बर कमरा बन्द था जहाँ मिलने का वादा एक आदमी ने किया था।

मैं चौथी मंज़िल के तल पर एक कोने से दूसरे कोने में जाता रहा, आता रहा।

साढ़े चार के बाद साढ़े पाँच बज गए लेकिन आदमी नहीं आया।

मैंने उसे फ़ोन किया तो उसने कहा कि वह लाल बत्ती पर है। एक घंटा और बीत गया। मैंने फ़ोन किया तो उसने कहा कि वह लाल बत्ती पर है और बस आने ही वाला है। इसके बाद मैंने उसे जब भी फ़ोन किया, उसने यही कहा कि वह लाल बत्ती पर है और पहुँचने ही वाला है।

मेरे पास प्रतीक्षा का कोई विकल्प नहीं था और उसके पास पहुँचने का। इस बीच इमारत गिर सकती थी और मेरे बेटे का फ़ोन आ सकता था।

मैं जब हताशा के साथ सीढ़ी पर बैठ गया कि अब क्या करना चाहिए तो मेरे पीछे से आती क़दमों की आहट ने मुझे आशंका से भर दिया। एक लम्बे-से आदमी ने धीरे से कहा कि यह ऋत्विक घटक की फ़िल्म का सेट है।

मैंने कहा कि तो वह लड़की यहाँ क्या कर रही है।

वह इस फ़िल्म की एक पात्र है, उसने धीरे से कहा।

मैं जाने के लिए उठा तो उसने कहा कि तुम भी इस फ़िल्म के पात्र हो।

मैंने कहा कि यह तो ज़बरदस्ती है।

उसने कहा कि कोई ज़बरदस्ती नहीं है। अगर तुम चले जाते हो तो हम तुम्हारी चिन्ताओं, उलझनों और डर वाले दूसरे पात्र को ले आएँगे।

मैंने पूछा कि तुम कौन हो तो उसने कहा कि मैं घटक की ऐतिहासिक स्मृति हूँ।

कुछ और देखना है

मैंने सामने से आते आदमी के समानान्तर एक और आदमी को आते देखा।

मेरे देखने में कोई मुश्किल है यह सोचकर मैं चश्मे की एक दुकान पर पहुँचा और मैंने अपनी दिक़्क़त बताई।

चश्मे वाले ने कहा कि बेटी का दिमाग़ ठीक नहीं चल रहा। इसलिए वह दुकान पर व्यापार करने नहीं घर के कोहराम से निकलकर वहाँ आया है। फिर जैसे उसे कोई बहुत बुनियादी चीज़ याद आई। उसने कहा कि उसकी बेटी के देखने में भी कोई मुश्किल है।

मैंने कहा कि क्या मैं उसकी बेटी से मिलूँ तो उसने दुकान बन्द कर दी और मुझे स्कूटर पर बैठाकर चल पड़ा।

हम लोग बहुत दूर तक बहुत चौड़ी सड़कों से गुज़रने के बाद एक गली में घुसे।

उसके बाद गलियों की चौड़ाई कम होती गई। फिर एक जगह पर आकर उसने कहा कि उतरिए।

उसने स्कूटर को वहाँ छोड़ दिया। मैंने कहा कि क्या स्कूटर को यहाँ ऐसे ही छोड़ दिया जाएगा तो उसने कहा कि हाँ। यह चीज़ों को छोड़ते जाने का पूर्वाभ्यास है।

हम लोग एक बेहद पतली गली में चलने लगे।

अचानक मुझे लगा कि मेरे सिर के ऊपर कुछ नम चीज़ गिरी तो उसने कहा कि माफ़ कर दीजिए—एक आदमी है जो लोगों ने जो संस्कृति बनाई है उस पर थूका करता है।

फिर हम लोग एक ऐसे घर के सामने पहुँचे जिसमें दो मंज़िलें थीं।

मुझे लगा कि घर के भीतर पाँव रखते ही यह घर ढह जाएगा।

हम लोग एक पतले सीढ़ी मार्ग से ऊपर चढ़ने लगे। सीढ़ियाँ इतनी ऊँची और पत्थर की थीं कि आगे बढ़ने के लिए हमें साथ में लगी रस्सियों की मदद लेनी पड़ रही थी।

हम लोग खुले में दाख़िल हुए तो किसी के रोने की आवाज़ें आईं। उसने कहा कि ये उसकी बेटी की आवाज़ें हैं।

उसने कहा कि इस समय वह हँस रही है जो रोने जैसा लग सकता है।

हम लोग कमरे में दाख़िल हुए तो मैंने देखा कि घर बेतरतीब है और जगह-जगह पुराने चश्मे पड़े हैं।

हमारी आहटें सुनकर बेटी आई तो उसने कहा कि वह मुझसे बात नहीं करना चाहती।

मैंने कहा कि तुम मुझसे नहीं मैं तुम से बात करना चाहता हूँ। इस बात ने उसे उन्मुक्त किया।

उसने कहा कि पापा चश्मों का काम करते थे तो मुझे यह लगा कि मुझे तरह-तरह के चश्मों से तरह-तरह से देखने का मौक़ा मिलेगा और बहुत-सा न देखा दिखने लगेगा लेकिन ऐसा हुआ नहीं।

मैं दीवार में छिपा दरवाज़ा देखना चाहती थी लेकिन ये चश्मे उस को नहीं देख पाते। इसीलिए ये चश्मे बेकार हैं। इसीलिए मैं रोती हूँ। इसीलिए मैं हँसती हूँ। इसीलिए मैं पागल हूँ।

मैंने उसे रसोईघर में चाय बनाने के लिए जाते देखा। लेकिन मैंने जो

उसकी दूसरी इमेज देखी तो वह थी दीवार को फाँदकर उस पार जाने की।

उसने जो चाय बनाई वह हमने एक दूसरे को देखते हुए पी। इस बीच उसके पिता खुली छत पर घूमते रहे।

दीवाने

कहा जाता है कि सूअर बिना किसी हुज्जत के कटते थे अगर उन्हें यह पता चल जाता था कि उन्हें इक्कीस साल की कंजी आँखों वाली रोज़ा मारिया रोस्ट करेगी।

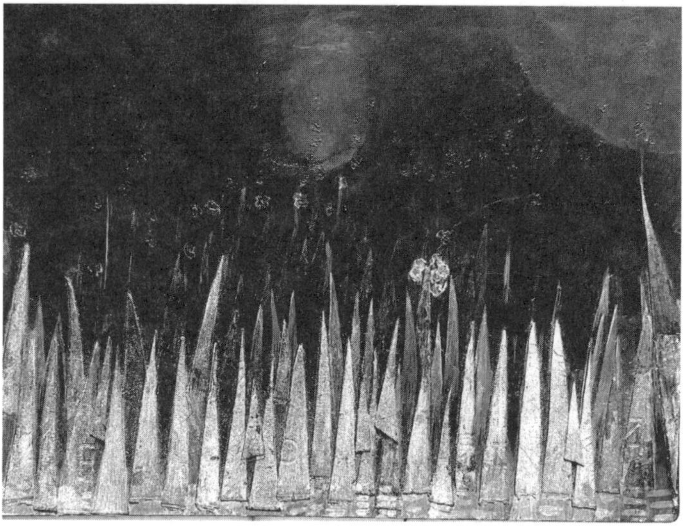

पूरे देश में लाइट नहीं है

अचानक लाइट चली गई।

मैं मेज़ पर बैठा कुछ लिख रहा था जबकि पत्नी और बेटा सो रहे थे।

बेटे ने ऊँघते हुए कहा कि पापा लाइट लेने जाओ। मैंने कहा ठीक है। जाता हूँ। लाइट लेने।

मैंने घड़ी की तरफ़ देखा तो रात के डेढ़ बजे थे।

मैं उस भयावह उमस में बिजली ठीक करने वाले दफ़्तर की तरफ़ भागा। मैंने बड़ा-सा लोहे का गेट खोला। वह किसी तरह खुल सका।

एक कमरे में रौशनी थी लेकिन कोई है इसका भरोसा होता नहीं दिख रहा था।

मैंने पुकारकर किसी के कमरे में होने की बात को जानना चाहा तो एक आदमी नीचे से उठा। वह आदमी कूलर की हवा में सो रहा था। तीन-चार बार बुलाने-पुकारने के बाद वह अधनींदा-उनींदा उठते हुए हिल रहा था। वैसे ही हिलता हुआ वह खिड़की तक आया।

मैंने कहा लाइट नहीं है। उसने कहा कि ठीक है आपके घर में लाइट न होने की शिकायत लिखता हूँ। उसने कहा कि वह सपना देख रहा था कि पूरे देश की लाइट चली गई है।

वह कुर्सी पर बैठ गया। उसने मेरी तरफ़ देखा। मैं खिड़की से बाहर आती पसीने और शराब की बू को महसूस कर रहा था।

उसने कहा कि मेरे घर में बहुत अँधेरा है। समझ में नहीं आ रहा कि क्या करूँ।

अचानक मेरा फ़ोन बजा। घर से पत्नी का फ़ोन आया कि कहाँ हो।

मैंने कहा कि यहाँ; एक आदमी यह कहकर कि पूरे देश में लाइट नहीं है और उसके घर में बहुत अँधेरा है रजिस्टर में हमारे यहाँ लाइट न होने की शिकायत लिख रहा है।

हम जो बातें कर रहे थे उन्हें सुनकर एक और आदमी आ गया। वह बहुत युवा था और उसने सिर मुँड़वा रखा था।

उसने जमुहाई लेते हुए कहा कि लाइट की शिकायत करने आए हैं?

मैंने कहा—हाँ।

उसने कहा, रुकिए, आ रहा हूँ।

उसने साइकिल निकाली जिस पर रस्सी, तार, प्लास, दस्ताने वग़ैरह टँगे थे। उसने मुझे साइकिल पर पीछे बैठा लिया।

वह साइकिल चलाता रहा और बोलता रहा कि पूरे जीवन उसकी माँ रौशनी के न होने की शिकायत करती रही।

उसने कहा कि तीन हफ़्ते पहले उसकी माँ मर गई।

वह माँ को याद करके रोने लगा।

मुझे लग रहा था कि मैं एक ऐसे आदमी की साइकिल के कैरियर पर बैठा हूँ जो पूरे देश की गई लाइट को ठीक करने के लिए चला जा रहा है।

मेरा फ़ोन बज रहा था जिसे मैं उठाना चाह रहा था।

घर के ठीक ऊपर

वो ऐसा वक़्त था जब मुझे अपने गले में कुछ फँसा-सा दिखता था। कि जैसे मुझ पर कोई नज़र रखे है। कि जो बोलना चाह रहा हूँ, वह बोल नहीं पा रहा और जो लिखना चाह रहा हूँ उस पर कोई अप्रकट मुमानियत-सी है। दिन जो कुछ हताश करने वाला लगता था शाम तक किसी अपरिभाषेय मनहूसियत में बदल जाया करता था। मुझे लगता कि कोई मेरा पीछा कर रहा है। और इन आशंकाओं के बीच कोई आहट सुनाई दे जाती। यह आहट कोई इंगिति लगती, कोई आवाज़ या कोई इशारा।

वे अच्छे दिन नहीं थे। वे ऐसे दिन थे जिन के बारे में हम कहा करते हैं कि वैसे दिन कभी न आएँ।

जो अच्छे दिन नहीं थे उनके बारे में बहुत सारे लोग कहा करते थे कि वे अच्छे दिन थे।

इस तरह के विभ्रम वाले दिनों में एक रात मुझे यह लगा कि अपने ठीक ऊपर के घर में कुछ असहमत-उग्रवादी आकर रहने लगे हैं। मुझे इसका अन्दाज़ा इस बात से हुआ कि रात क़रीब एक बजे के आसपास प्रिंटिंग प्रेस जैसी कोई चीज़ शुरू होती थी। घचर घच्च। घचर घच्च।

मैं दरअसल इन्तज़ार करता था कि अब गुप्त प्रेस चलना शुरू होगा। वह बहुत धीमे-धीमे चलता था। वह क़रीब दो घंटे तक चलता था। मैं सोचता था कि इसमें पैंफलेट छप रहे होंगे कि भारतीय राज्य कितना

आततायी है। वह किस तरह से बिल्डरों, तस्करों, फ़िरकापरस्तों, बिचौलियों, सट्टेबाज़ों, रिश्वतख़ोरों, मीडियाकरों और सबसे ज़्यादा राजनीतिक माफ़िया की आरामगाह बन गया है।

इस बीच हालत ज़्यादा बदतर हुई है। फ़ासिस्ट कहीं भी मिल जाया करते हैं। मसलन एक दिन मैं सार्वजनिक पेशाबघर में पेशाब कर रहा था तो बग़ल में पेशाब करते आदमी ने कहा कि साले, ज़्यादा फ़ासिस्ट-फ़ासिस्ट मत किया कर, काट दूँगा। बैंड़ चोद, माओइस्ट से तो बेहतर ही हैं फ़ासिस्ट।

मैंने कहा कि तुम कैसे कह सकते हो कि मैं माओइस्ट हूँ तो उसने कहा कि तैने को कैसे पता कि मैं नाज़ीवादी हूँ।

मैंने कहा कि इसका मतलब यह है कि तुम ठीक-ठीक फाशीवादी नहीं, नाज़ीवादी हो। और अगर ऐसा है तो इनमें जो बारीक अन्तर है, वह क्या है। मैंने छेड़ने वाली शरारत के साथ कहा।

तू साला लेफ़्टी, उसने दाँत पीसकर कहा। और तुम राइट, हर समय राइट, मैंने कहा।

मैं भागा। मैं भागते-भागते एक कुएँ में गिरने वाला ही था कि अचानक नींद से जाग गया एक आवाज़ से जो ऊपर से नीचे की तरफ़ गिर रही थी।

रात एक बजे फिर से प्रेस का चलना शुरू हो गया था। मैं उठा। सीढ़ियों पर दबे पाँव चढ़कर मैं उस दरवाज़े के सामने जाकर खड़ा हो गया। अन्दर से भारी मशीन के चलने की आवाज़ आ रही थी।

मैंने सोचा कि कोई दरवाज़ा खोलेगा तो मैं कहूँगा कि मैं भी इस राज्य से असहमत और बेज़ार हूँ।

मैंने ऊपर जाकर दरवाज़ा खटखटाया। दरवाज़ा नहीं खुला। मैंने और तेज़ दरवाज़ा खटखटाया। दरवाज़ा खुला। सामने एक युवा लड़की थी। मैंने उसके पीछे देखा। एक झूला था। झूले के पास से माँ के जाते

ही लड़का रोने लगा था। वह झूले की तरफ़ लौट गई। फिर उसने पूछा कि आप नीचे रहते हैं, न? क्या बात है?

मैंने कहा कि मैंने सोचा कि कोई प्रिंटिंग प्रेस है जो रात में चलाया जाता है चुपचाप और जिससे घचर घच्च की आवाज निकलती रहती है। वह हँसी। उसने कहा कि उसके पति इस बीच दफ़्तर के काम से बाहर गए हैं। वह अकेली है। छोटा बेटा रात में क़रीब एक बजे के आसपास रोने लगता है। तो वह उसे बिस्तर से झूले में ले आया करती है।

उसने साफ़ कर दिया कि वह प्रिंटिंग प्रेस की आवाज़ नहीं, झूले की आवाज़ है।

मुझे यह बात अजीब लग रही थी कि झूले की आवाज़ को मैंने प्रेस की आवाज़ समझा। ऐसा क्यों हुआ—यह मैं सोचता रहा।

मैंने काफ़ी अनिश्चय के साथ पूछना चाहा लेकिन पूछा नहीं कि क्या आपको दोनों काम—मतलब कि बच्चे का झूला डुलाना और प्रिंटिंग प्रेस की मशीन चलाना—क़रीब-क़रीब एक जैसे नहीं लगते!

पीठ के बल लेटने का दुःख

उसने अपनी पीठ पर एक पुरुष की निगाहों को महसूस किया। उसने मुड़कर देखा। अमूमन यही होता था कि कोई सैलानी उसे बहुत देखता तो वह भी उसे देखती। एक सहमति बनती और फिर वे दोनों समुद्र के किनारे के उस हिस्से में चले जाते जो सूना होता और जहाँ रेत होती और जहाँ एक बिस्तर बन जाता और जहाँ सेक्स का कारोबार निपटाने के बाद उसे अपनी मज़दूरी मिलती।

आज जो आदमी उसकी तरफ़ देख रहा था, उसे देखकर उसे यह लग गया कि यह आदमी ज़्यादा बुरा है। लेकिन वह दिन भी ज़्यादा बुरा था। पूरे दिन उसे कोई ग्राहक नहीं मिला था, आसमान भूरे बादलों से भरा था, सूरज निकला नहीं था, हवा थी नहीं और बुद्ध की वह बात याद आ रही थी कि दुनिया में दुःख वैसे ही व्याप्त है जैसे समुद्र में नमक।

अपने भीतर कसैलापन और कोहराम लेकर घूमने वाली स्त्री को पैसों की सख़्त ज़रूरत थी। उसे अपनी बेटी को एक नये स्कूल में दाख़िल कराना था। बेटी को अपने मौजूदा स्कूल में इस बात की ज़िल्लत झेलनी पड़ रही है कि वह एक सेक्स वर्कर की बेटी है। उसे नया स्कूल चाहिए जहाँ उसकी माँ के काम के बारे में कोई न जानता हो।

जो आदमी उसकी तरफ़ देख रहा था वह इतना लम्बा था कि लाइट हाउस की तरह दिख रहा था लेकिन इस लाइट हाउस में रौशनी नहीं

थी। उसने अपनी रौशनी को बुझा रखा था और जो अपने आसपास जहाज़ों के डूबने और विपत्ति की चीख़ों को सुनना चाहता था। वह चालाक और क्रूर दिख रहा था जो जानता था कि उसे कब क्या किस तरह चाहिए। निर्विकल्प सेक्स मजूरन ने इशारों में उसके साथ जाने की अपनी सहमति जता दी। स्त्री ने अपने काम की क़ीमत जाननी चाही तो उसने हवा में हाथ लहराकर कहा कि प्यार की क़ीमत कौन दे सकता है।

वे दोनों दूर चट्टानों के पीछे चले गए।

वह उसके ऊपर एक भारी मछली की तरह आया और एक वज़नदार आलसी कछुए की तरह उसके ऊपर पड़ा रहा। माइनिंग करने वालों की तरह स्त्री की पृथ्वी को वह खोदता रहा। उस आदमी ने एक क्रेन की तरह उसे कभी यहाँ और कभी वहाँ पटका।

एक थका देने वाले देह व्यापार के बाद उसने मज़दूरी देने से इनकार कर दिया। इस पर स्त्री ने आदमी का कॉलर पकड़ लिया और बोली—मज़दूरी तो देनी पड़ेगी।

आदमी ने कहा कि तुम्हारी पीठ पर एक दाग़ है जिसकी वजह से उसे प्रेम करने में मज़ा नहीं आया।

वह स्त्री तड़पकर बोली कि तुमने मुझे जो यहाँ-वहाँ पटका और दाँत से काटा तो उसका यह निशान होगा।

उस आदमी ने कहा कि मुझे मालूम है कि मैंने कौन से निशान कहाँ बनाए और तुम्हारी देह पर पहले से कौन-से निशान थे।

स्त्री ने कहा कि सब कुछ करने के बाद तुम यह कह रहे हो। मज़दूरी तो तुम्हें देनी पड़ेगी।

स्त्री को समझ में नहीं आया कि वह क्या करे।

इसके लिए वह किसी के पास जा नहीं सकती थी।

इसके लिए वह अदालत का दरवाज़ा नहीं खटखटा सकती थी।

स्त्री ने रेत पर पस्त होकर लेटते हुए कहा कि पीठ के दाग़ को काटकर जो पैसे बनते हैं, वही दे दो।

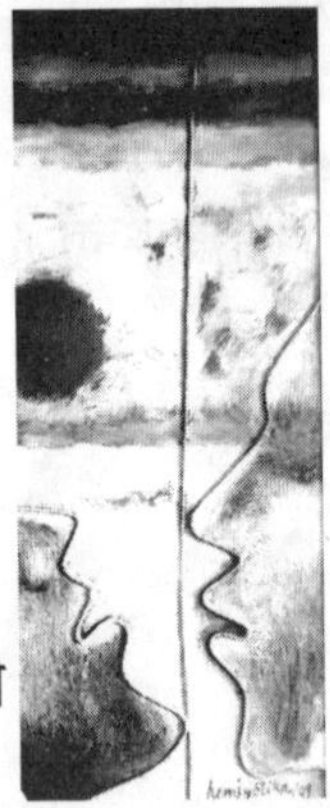

एक आदमी से दूसरे आदमी की बातचीत की अनिवार्यता को ज़ोर देकर कहने वाली किहिनी

पहले मोड़ के बाद ही मुझे लग गया कि कोई मेरा पीछा कर रहा है। इस बात ने मुझे अचानक काफ़ी परेशान कर दिया क्योंकि मेरा पीछा तमाम कारणों से किया जा सकता है। मैंने झूठ बोले थे और ऊँचाइयों से डरा था। मैंने पलायन किया था और बदलाव में मेरी भूमिका कहीं ज़्यादा बड़ी हो सकती थी।

मैंने मुड़कर देखा तो पीछा करने वाला या वाली एक आकृति से अधिक कुछ नहीं थी। कोई मेरा पीछा कर रहा है—ऐसा मेरा भ्रम हो सकता था। दूरी और सँकरी गली इस संशय को प्रगाढ़ करते थे।

मुझे अचानक लगा कि पीछा करने वाली मेरी कक्षा पाँच की टीचर होगी जिसका दिया कोई भी काम मैं पूरा नहीं करता था और जो मुझे धूप में खड़ा कर दिया करती थी। वह जानना चाहती थी कि मैं वैसा क्यों हूँ जैसा मैं हूँ। उससे मैं भी पूछना चाहता था कि वह जैसी है, वैसी क्यों है। मुझे यह समझ में नहीं आया कि इस गली में वह मेरे पीछे कैसे आ सकती है। क्योंकि मुझे तो यह भी याद था कि कई साल पहले मैंने उसके मरने की ख़बर सुनी थी। दरअसल उसका बेटा अचानक मुझे एक शहर में मिल गया था और उसके बाद हम दोनों दोस्त जैसी कोई चीज़ हो गए थे। लेकिन इसके बावजूद मेरे मन में

अपनी टीचर को लेकर जो हिक़ारत थी वह निकली नहीं थी। संशय भी नहीं निकला था कि वह कब कह देगी कि मैं किसी काम का नहीं हूँ। मैं चलता रहा और सोचता रहा कि और कौन हो सकता है मेरे पीछे?

मुझे अचानक लगा कि यह आदमी बाबुल नाम का आदमी है जो बरसों पहले मेरे पीछे मेरा रेप करने के लिए घूमा करता था। वह कक्षा 11 में होता था और मैं पाँच में। वह मेरे सपनों में आया करता था लेकिन मुझे इस बात का दूर-दूर तक अंदेशा नहीं था कि वह गली में मेरे पीछे लग जाएगा। जब मोड़ आया और उसका दिखना बन्द हो गया तो मेरे अन्दर से राहत की साँस निकली।

लेकिन वह आकृति फिर दिखने लगी। इस बार मैं कम घबराया।

मैंने सोचा कि मैं थोड़ा ध्यान से देखूँ कि मेरे पीछे है कौन। बहुत याद करके लगा कि शायद यह सिनेमा बनाने की बहुत पुरानी इच्छा थी जो मेरा पीछा कर रही थी।

उस समय तक मैं थक गया था।

मैं बैठ गया और मैंने फ़ैसला किया कि उसे आने दूँगा।

वह आई नहीं, आया।

मैं जब बैठा तो वह भी बैठ गया और बोला कि मैं तुमसे बात करना चाहता था लेकिन मन में संकोच भी था।

मैंने कहा क्या बात तो उसने कहा कि वही जो एक आदमी दूसरे आदमी से करता है।

मैंने कहा कि एक आदमी दूसरे आदमी से क्या बातें करता है।

उसने कहा कि वह तो हमारी बातचीत से पता लगेगा कि एक आदमी दूसरे आदमी से क्या बातें करता है।

मास्क

वह आदमी बिस्तर पर एक किनारे बैठा था जबकि वह एक के बाद दूसरा कपड़ा उतारती जा रही थी।

फिर उसने एक लम्बी-सी पट्टी उतारनी शुरू की जो उसने शरीर के दर्द को कम करने के लिए हाथों और पैरों में लपेट रखी थी।

आदमी ने अधैर्य से कहा कि तुम्हें तो बहुत देर हो रही है।

स्त्री ने कहा कि मैं अपने कपड़े एक-एक करके उतार रही हूँ, तुम एक-एक करके अपने मास्क उतारो।

स्त्री के कपड़ों का एक बड़ा गट्ठर फ़र्श पर इकट्ठा हो गया।

उससे कहीं ज़्यादा आदमी के मास्कों का ढेर था।

बेकरी की दुकान में आदमी

एक आदमी बेकरी की दुकान में गया।

वहाँ वह दुकानदार को देखता रहा लेकिन उसने कुछ कहा नहीं।

आदमी की आँखें खुली हुई थीं और वह कुछ चाहता था लेकिन क्या—यह वह शायद भूल गया था।

दुकानदार को इससे कोई मुश्किल नहीं हुई—वह ऐसे लोगों के बारे में जानता था—ये लोग जो चीज़ चाहते हैं उसे भूल जाया करते हैं।

दुकानदार को मालूम था कि जो ग्राहक उसके चेहरे को टकटकी लगाकर या घूरकर देख रहा हो उसे उसी तरह से देखने का कोई अर्थ नहीं था। ऐसा होने पर दुकानदार किसी और काम में मशग़ूल होने का बहाना करने लगता था।

दुकानदार को मालूम होता था कि जो चीज़ वह आदमी चाह रहा है, वह उसके पास उसकी दुकान में नहीं है। और वह दरअसल किसी भी दुकान में नहीं मिलेगी।

बारिश में काफ़ी देर तक और दूर तक

मैं पानी में काफ़ी देर तक और फिर दूर तक चला था। वह काफ़ी अजीब रास्ता था। स्टेशन और बस्ती के बीच केवल रास्ता था। मतलब कि कोई ऐसी जगह नहीं थी कि पानी बरस रहा हो तो खड़ा हुआ जा सके।

वहाँ से समुद्र पास था लेकिन दिखता नहीं था। हवा का रुख़ अगर सानुकूल हो तो उसके होने की आवाज़ें सुनाई देती थीं। आसमान में समुद्र की ओर जाते और वहाँ से आते पक्षी भी दिख जाया करते थे। वे आसमान में लहरों की तरह दिखते थे और आसमान को समुद्र में बदल लेते थे। जलपक्षियों की वजह से आसमान भीगा-सा दिखता था।

समुद्र के आसपास होने का पता सूखते नमक से लग जाया करता था। उस दिन मुझे नमक की सफ़ेद चादरें भी नहीं दिखीं। नमक बहकर वापस समुद्र में पहुँच गया होगा। इतने पानी में, इतनी बरसात में, ऐसे मौसम में।

लोकल से स्टेशन पर उतरा तो मेरे पास न छाता था और न रेनकोट। मैंने बरसात के रुकने का इन्तज़ार नहीं किया। मैं चल पड़ा।

उस दिन मुझे लगा कि पानी का शोर बहुत सारे लोगों के एक थिएटर में फुसफुसाने का शोर होता है।

उस पानी में चलते हुए शायद पहली बार मुझे लगा कि हम तीन भाई

और एक बहन के पास माँ को जानने का वक़्त नहीं था।

हम पिता को और भी कम जानते थे। जैसे मैंने उनसे यह नहीं पूछा कि जब मैं पैदा हुआ तो उन्होंने कितने दिन की छुट्टी ली। मुझे मृत्यु से बचाने के लिए उन्हें क्या-क्या करना पड़ा क्योंकि यह पता नहीं कबसे कहा जा रहा है कि मैं जन्म से ही साँस का मरीज़ था। वे कौन-से अस्पताल थे जहाँ वह मुझे ले जाया करते थे। मैं पढ़ने में अव्वल था और किसी भी नौकरी में बँधने के लिए तैयार नहीं था और इसलिए मुफ़लिस होकर यहाँ-वहाँ घूमता रहता था तो यह सब देखकर उन्हें कैसा लगता रहा। और कविता को अगर मेरी विफलता की वजह उन्होंने माना तो उन्होंने इस बारे में मुझसे कभी कोई जवाब तलब क्यों नहीं किया। अगर उन्होंने हमसे हमेशा सच बोलने के लिए कहा तो उन्होंने अपने जीवन में सच और झूठ का क्या अनुपात रखा। और किन-किन बातों को उन्होंने छिपाया और किन को प्रकट किया। मैंने माँ से यह नहीं पूछा कि पिता को उन्होंने पहली बार कब और कहाँ देखा और कैसा महसूस किया। और जब वह सई नदी के किनारे बसे गाँव को छोड़कर निकल रही थीं तो वह कितनी देर तक रोती रहीं और कब तक। और उस नदी में नहाने का सिलसिला ख़त्म हुआ तो फिर क्या वह किसी और नदी में नहा पाईं और अगर हाँ तो वह कौन सी नदी थी।

मैं उस बारिश में गहरे पश्चात्ताप से भर गया और जी भर के इसलिए रोता रहा कि भीगते हुए रोने से बेहतर कुछ नहीं हो सकता। मैं उस घनघोर बारिश में यह सोचता रहा कि मैं जीवन-भर किस तरह की जल्दी में था—बहुत कुछ को हासिल करने की या बहुत कुछ को छोड़ने की। उस दिन मैंने ख़ुद को रास्ते के हवाले छोड़ा हुआ था।

बरसते पानी ने कितने ही स्क्रीन खड़े कर दिए थे और कितनी ही फ़िल्मों के टुकड़े उन पर चल रहे थे। ये फ़िल्में बिना मेरी सहमति और अनुमति के चल रही थीं।

ये इच्छाओं और विफलताओं के ट्रेलर थे। वे युद्ध के कटे-फटे फुटेज

थे। पूरी फ़िल्म नहीं थी—कटी-फटी रीलें थीं।

घर बहुत नज़दीक आ गया तो मुझे लगा कि चलना पहुँचने से बेहतर था और छतों के नीचे आने से बेहतर था पश्चात्ताप के पानी में भीगना।

काले से ढँका हुआ सफ़ेद

स्त्री ने पुरुष से कहा कि चेहरा मेरी तरफ़ करो तो काला लगा दूँ। पुरुष ने चेहरा सामने कर लिया।

स्त्री पति के बालों को काला कर रही थी और बात भी कर रही थी।

स्त्री ने कहा कि एक समय था कि पूरे बालों में एक सफ़ेद बाल ढूँढ़े नहीं मिलता था। और अब एक काला बाल नहीं दिखता। पुरुष ने कहा कि एक दिन न काला रहेगा न सफ़ेद।

स्त्री ने कहा कि एक दिन सब ख़त्म हो जाता है।

तो बचता क्या है, पुरुष ने पूछा।

सत्य बचता होगा और क्या, स्त्री ने कह दिया।

पुरुष ने कहा कि कहीं ऐसा तो नहीं कि झूठ बचता हो। सफ़ेद बाल को काला करना एक झूठ है।

बालों में काला लगाने के बाद थोड़ी देर में पुरुष नहा-धोकर दफ़्तर के लिए तैयार हो गया।

उसकी पत्नी अपने पति को बालकनी से जाते हुए देखती रही। उसे लगा कि अगली दफ़ा वह डार्क ब्राउन का इस्तेमाल करेगी। काला ज़्यादा काला दिख रहा था। कम स्वाभाविक।

पुरुष घर से निकलकर गाड़ी की तरफ़ बढ़ा। उस ने कार के शीशे में अपना एक क्षीण अक्स देखा। उसे अपना चेहरा अच्छा नहीं लगा।

वह ड्राइविंग सीट पर बैठ गया। उसने अपना सिर स्टियरिंग व्हील पर रख दिया। फिर वह गाड़ी के बाहर गया। उसे लगा कि क्या यह हो सकता है कि वह भूल जाए कि वह कहाँ जाने वाला है।

उसने एक बार फिर गाड़ी का दरवाज़ा खोला। उसने गाड़ी के की होल में चाबी डालने के पहले सोचा कि काश, ऐसा हो कि चाबी डालते ही गाड़ी में धमाका हो और सब कुछ उड़ जाए। ऐसा हो पाता तो वह तमाम दुविधाओं से बाहर आ पाता।

उसने गाड़ी स्टार्ट की। गाड़ी में धमाका नहीं हुआ। वह उसके भीतर हुआ।

वह गाड़ी को पता नहीं कहाँ-कहाँ घुमाता रहा।

शायद वह अपने गंतव्य को लेकर आश्वस्त नहीं था।

आख़िर वह एक पुराने-से घर के सामने रुका।

बेतरतीब घास वाले लॉन से होता वह एक दहलीज़ के पहले रुक गया और उसने दरवाज़ा खटखटाया।

एक स्त्री ने दरवाज़ा खोला और थोड़ा हताश होते हुए कहा कि मैंने कितनी बार कहा कि तुम्हारे बालों में ये नक़ली रंग मुझे पसन्द नहीं है। पुरुष ने कहा कि यह उसकी पत्नी को पसन्द है।

दरवाज़ा खोलने वाली स्त्री अब चाय बना रही थी। वह आदमी उस स्त्री के पीछे जाकर खड़ा हो गया और उसे छूते हुए बोला कि इच्छाएँ बेहद असली हैं। तीनों की इच्छाएँ।

स्त्री ने उसे अपने पास से आहिस्ता से हटा दिया।

वे दोनों चाय पीते रहे।

चाय पीते हुए स्त्री ने बाल रँगकर आए आदमी के इस प्रस्ताव को नहीं माना कि वे सहवास करें।

इच्छा नष्ट भी होती है, ऐसा स्त्री ने कहा।

आदमी इससे इनकार नहीं कर पाया।

वह आदमी दफ़्तर जाने की बजाय घर लौट गया जहाँ उसने पत्नी को प्रेम करते हुए पाया।

उसने प्रेम करते हुए आदमी को ध्यान से देखा।

उसने इसकी पुष्टि करनी चाही कि वह आदमी था कौन।

वह आदमी वह ख़ुद तो नहीं था।

नहीं, वह कोई और था और उसने बाल नहीं रँगे थे—उसे बाल रँगने की ज़रूरत नहीं थी। वह उससे और उसकी पत्नी दोनों से बहुत युवा था।

वह खिड़की से इस दृश्य को काफ़ी देर तक देखता रहा।

खिड़की से हटते हुए उसने दफ़्तर जाने का फ़ैसला लिया लेकिन इस बीच उसने इस बात का ख़याल रखा कि स्त्री के लम्बे चलते प्रेम में कोई बाधा न पड़े और वह चुपचाप लौट सके।

खिड़की खोलकर किए जाते प्रेम ने उसे आप्लावित कर दिया।

इससे बेहतर उसने कुछ भी नहीं देखा था।

वह यह भी भूल गया कि वह कार से आया था क्योंकि वह पैदल ही दफ़्तर की तरफ़ निकल गया।

पति की नीली जींस को काटकर बनाये बैग में

एक दिन एक पति को अपनी पत्नी के बैग से जो पति की नीली जींस काटकर बनाया गया था दो कंडोम के पैकेट मिले।

पत्नी बाहर काम करने जाया करती थी। पति ने पूछा कि पत्नी के किससे दैहिक सम्बन्ध हैं तो पत्नी ने इस बात का जवाब नहीं दिया। उसने उबलते दूध को जलते गैस के चूल्हे पर उल्टा कर दिया, पानी की स्टील की टंकी को गिरा दिया, पर्दों को खींचा जो लोहे के रॉड समेत नीचे आ गिरे। पति ने कहा कि वह उसके साथ दग़ा कर रही है और उद्धत भी दिख रही है।

पति ने कंडोम के दोनों पैकेट निकाले, टी टेबल पर पटके और कहा कि ये तुम्हारे बैग से निकले।

पत्नी ने कहा हाँ, वह इन्हें बैग में रखती है।

पत्नी हँस पड़ी और उसके बाद रो पड़ी। फिर एक गहरी साँस लेकर कहा कि ये दो कंडोम विकल्प की तलाश हैं।

पति उसकी तरफ़ देखता रहा तो पत्नी ने कहा, मैं तुम्हारे साथ कई बार नहीं रहना चाहती। लेकिन तुम्हें छोड़ नहीं सकती। तीन बेटियाँ हैं, उनका मोह है। तब ये कंडोम मेरी मदद करते हैं क्योंकि तब मैं एक ऐसे साथी की खोज में निकली होती हूँ जो तुम नहीं हो। इस कंडोम को छूना एक काल्पनिक और मानवीय और वैकल्पिक देह को छूना होता है। यह एक वैकल्पिक सृष्टि का निर्माण भी होता है।

पति एक लम्बी-सी हूँ निकालकर धम्म से सोफ़े पर बैठ गया।

पति ने पूछा कि क्या वह कभी उसे समझ पाएगा तो पत्नी ने कहा, नहीं।

वधस्थल जिसका नाम होटल पैराडाइज़ हो

जिस होटल में मैं रुका हूँ वह गुलाबी नियान लाइट में पैराडाइज़ है— मेज़ चिपचिपी है, गिलासों और कप और दीवारों पर ग्रीज़ है। बिस्तर का चादर ऐसा है कि जैसे कीर्तन में बिछाने के बाद झटककर यहाँ बिछा दिया गया हो। ओढ़ने वाला चादर ज़्यादा सन्देहास्पद है— जंगल काटने वाले किसी मामूली स्मगलर का सेक्सवर्कर के साथ अभिसार का बिछावन। तकिया किसी मेडिकल रिप्रज़ेंटेटिव की दवाओं का थैला लग रहा है।

होटल मालिक का तीसरा बेटा सोने की ज़ंजीर गले में डालकर घूमता है। वह मेरे कुर्ते, मोबाइल और होने को हिक़ारत से देखता है और पूछता रहता है कि सब ठीक तो है, सर। मैं कहता हूँ कि सब ठीक होता तो तुम यह होटल न बनवा पाते। उसने हँसते हुए कहा कि लीजिए, आपको आते ही पता चल गया कि इस ज़मीन के लिए एक आदमी को मारना पड़ा। लेकिन जान लीजिए कि उसके पास इस जगह का कोई काग़ज़ नहीं था। बाज़ार के बीच डेढ़ कमरे का कच्चा-पक्का झोपड़ डालकर आप कबजिया कर बैठे हैं। हमने कहा भी कि कमपनसेसन ले लो। वो नहीं लेंगे, हटेंगे नहीं, कागज दिखाएँगे नहीं, कह देंगे कि इकतालीस साल से रह रहे हैं जब ये बाजार नहीं था तब से। तो ये तो नहीं चलेगा कि बिजनेस वाली जगह को आप घेर लीजिए। ख़ुद कुछ न कीजिए और जो

कर रहे हैं उन्हें करने न दीजिए। लेकिन आपसे यह बताया किसने, क्या किसनवा ने? मैंने कहा, नहीं। उसने अपने सिर के बचे हुए बाल उखाड़ते हुए कहा, धत्तेरे की। लेकिन हम तो नहीं समझते कि हमने कोई पाप किया। सबका पेट है—किसी का छोटा, किसी का बड़ा। बिनती से नहीं मानेंगे तो गिनती की दो गोलियाँ चला देंगे और लद्द से गिरा देंगे।

जाते-जाते उसने कहा, होटल के कम्पाउंड में उसने मन्दिर बनवा रखा है—माँ का आदेश हुआ। कृष्ण उसका सखा है, बोलो, राधे राधे।

मैं बिस्तर से उठता हूँ—हड्डियों की चट-चट की आवाज़ें आती हैं। मैं अपने पास कम साल होने की घबराहट से नहीं, अत्याचार की परम्पराओं से विचलित हूँ।

होटल का सबसे दुबला कर्मचारी आकर पूछता है कि टीवी चला दूँ तो जैसे याद करके औचक कहता हूँ कि पंखा चला दो। उसने चला दिया। उसने जाते हुए कहा कि कुछ और चाहिए क्या तो मैंने कहा कि सरसों का तेल जिसे वह वाक़ई दे गया बहुत धीमे से यह बताते हुए कि वह इस बोतल को अपने कमरे से लाया है जो होटल की छत पर है ठीक वहाँ जहाँ पैराडाइज़ लिखा है, उसके पीछे।

बारह-तेरह साल का वह पूछता है कि आप क्या काम करते हैं तो मैं कहता हूँ कि कविताएँ लिखता हूँ।

वह कहता है कि क्या आप इस बात को अपनी कविता में लिख सकते हैं कि होटल के मालिक का दूसरा बेटा हर तीसरे दिन गुलाबी नियान लाइट में नहाये होटल पैराडाइज़ की बरसाती में बारह के बाद आता है, मुझे नंगा करता है और पेट के बल लिटाता है।

मैं हिन्दी कविता की बहुत कम व्याप्ति और असर की निराशा के

साथ उसे देखता हूँ और उसकी तकलीफ़ में इतना अकेला महसूस करता हूँ कि यह साहस भी नहीं जुटा पाता कि उस के वधस्थल को देखने छत पर जा सकूँ।

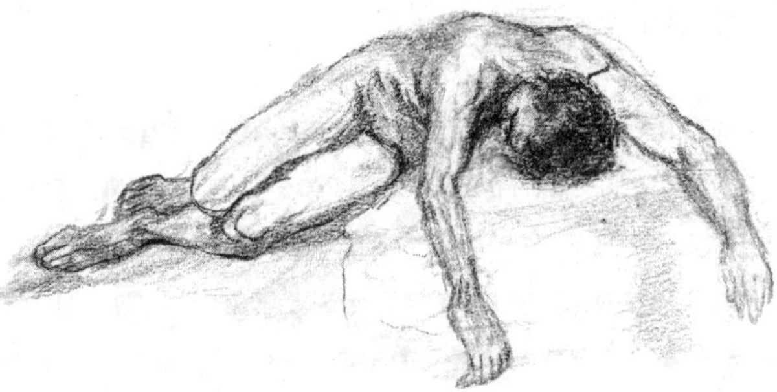

कंबल

बेइंतिहा सर्दी की वजह से एक सोता आदमी नींद से उठकर दुकानों के बरामदे की सीढ़ियों पर बैठ गया।

फिर वह चलने लगा।

लेकिन इस तरह सर्दी और लगने लगी।

तब देह को गर्म करने के लिए वह दौड़ने लगा—शहर के एक बड़े हिस्से में वह दौड़ता रहा। उसे पसीना आने लगा। सर्दी कम लगने लगी। लेकिन वह कब तक दौड़ता। वह थककर बैठ गया। बैठते ही पसीने की वजह से सर्दी और तेज़ लगने लगी।

उसने देखा कि एक आदमी कंबल ओढ़कर सो रहा है।

उसने उसका कंबल उठाया और उसे लेकर भागने लगा।

जिसका कंबल लेकर वह भागा था, वह उसके पीछे दौड़ने लगा। बीच-बीच में वह उसे गाली भी दे रहा था।

जो कंबल लेकर भाग रहा था, उसके हाथ से कंबल गिर गया और एक नाले में चला गया।

दोनों नीचे नाले के ढलान की तरफ़ दौड़ पड़े।

अब वे एक दूसरे के सामने थे।

दोनों भिड़ गए और एक दूसरे को मारने लगे।

इस बीच एक तीसरा आदमी आ गया।

वह भी सर्दी की वजह से सो नहीं पा रहा था।

उसने जब यह जाना कि कंबल नाले में गिरा है तो वह नाले में उतर गया।

इधर दोनों एक दूसरे को ईंटों और पत्थरों से मारते रहे जिनमें एक पहले और दूसरा बाद में मर गया।

तीसरा गहरे नाले के कीच में डूब गया।

सुबह न तो पुलिस और न अख़बार वाले कंबल के साथ इन तीनों की मौत का सम्बन्ध जोड़ पाए।

पुलिस ने तीनों के शवों को उस कंबल पर लिटाया जो नाले के बग़ल में पुलिस वालों को मिल गया था। बाद में लाशों को वहाँ से ले जाया गया लेकिन कंबल वहीं छूट गया।

तीन दिन बाद एक कूड़ा बीनने वाला लड़का नाले के पास आया और कंबल उठाकर आगे निकल गया।

फिर वह भागने लगा यह सोचकर कि कोई उसका पीछा न कर रहा हो।

भागते हुए वह पटरियाँ पार कर रहा था कि वह रेलगाड़ी की चपेट में आ गया और मर गया। उसकी पतली-सी देह को लोहे के भारी पहिये पीस कर चले गए। देह में जो बचा उसे चील-कौए-कुत्ते-बिल्ली खा गए।

एक लड़की जो पटरी के आसपास तीन-चार दिन में एक बार कूड़ा बीना करती थी, उसने वह कंबल उठा लिया और यह देखते हुए कि कोई उसे देख तो नहीं रहा है, वह पटरियाँ पार करके अपनी झुग्गी में आ गई।

उसकी माँ ने कहा कि उसे यह क्यों नहीं दिखा कि यह उसके भाई का कंबल है जो कई दिनों से लापता है।

माँ और बेटी अपने बेटे और भाई की तलाश में निकल पड़ीं—कंबल लेकर कि अगर बेटा या भाई मिला तो यह कंबल उढ़ाकर उसे घर ले आएँगी।

माँ अपने बेटे को खोजती रही और बहन अपने भाई को।

खोजते-खोजते रात हो गई।

बेटा और भाई नहीं मिले।

माँ-बेटी घूमती रहीं।

जब वे एक नदी का पुल पार कर रही थीं तो कंबल बेटी के कन्धे से खिसककर सूखती नदी के किनारे की रेत पर जा गिरा जो नदी के आसपास भटकती एक स्त्री को मिल गया—वह प्रसव के लिए बिछावन की तलाश कर रही थी।

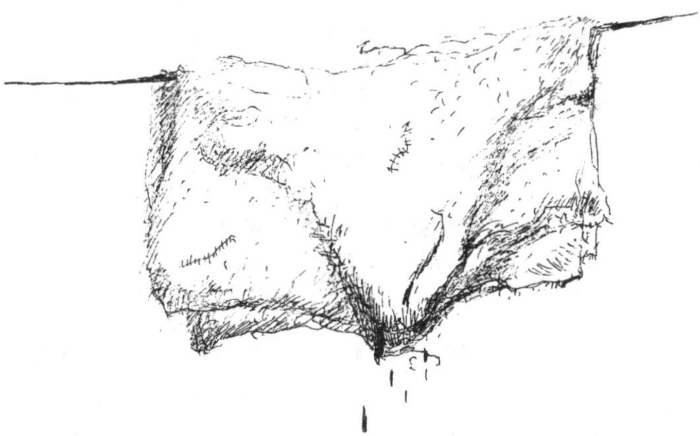

बहुत धुएँ में

उस सुबह जब उसने बिस्तर में लगभग नींद में ही माँ को खाने के लिए आवाज़ लगानी चाही कि टिफ़िन तैयार कर दो, उसे लगा उसके गले में कुछ फँसा हुआ है और यह भी कि वह कोई और ही दिन था।

वह उठा और वहाँ आया जहाँ स्कूल का बस्ता टँगा था। उसने बस्ते को छुआ। उसने किताबों को टटोला। वे थीं लेकिन उन्हें निकालने और पढ़ने का उसका मन नहीं हुआ।

उसने आसपास देखा।

पिता पता नहीं कहाँ थे। माँ भी। पता नहीं कहाँ थीं।

वह माँ को ढूँढ़ने निकला। वह मुँह पर चादर डाल कर पड़ी थीं।

पिता भी एक खाट पर औंधे मुँह पड़े थे।

बहन जगी थी लेकिन छत की तरफ़ देख रही थी।

भाई नल पकड़े बैठा था।

वह बाहर आया तो कोने में फ़ुटबॉल लुढ़का पड़ा था। अमूमन इस तरह फ़ुटबॉल पड़ा हो तो उसे कोई भी उठा कर चल सकता था भले ही बाद में खेलकर वापस ही क्यों न कर दे। लेकिन उस रोज़ फ़ुटबॉल को कोई नहीं ले गया था।

वह फ़ुटबॉल की तरफ़ इस तरह से गया कि जैसे वह जानता न हो कि इसका क्या किया जाए।

उसने एक वज़नदार पत्थर की तरह उसे उठाया। उसे लगा कि उस भारी पत्थर को वह वापस वहीं रख दे जहाँ से उठाया था लेकिन फिर उसने उसे लेकर निकलने का फ़ैसला किया।

वह बाहर आ गया।

वह चलने लगा।

अचानक उसे लगा कि सड़क के समानान्तर जो इमारत है, उसे वह पहचानता है।

यह उसका स्कूल था।

उसने सुना था कि उसका स्कूल जल गया है।

उसने तय किया था कि एक हैबतनाक़ मंज़र देखने वह स्कूल नहीं जाएगा। लेकिन अचानक उसे लगा कि वह स्कूल के नज़दीक से गुज़र रहा था—एक ऐसे रास्ते से जिसे वह कम ही लिया करता था और जिससे वह वाक़िफ़ भी कम ही था। अब जब कि स्कूल दिख ही गया था, उसने स्कूल के भीतर जाने का फ़ैसला किया।

उसे यह तसलीम करने में मुश्किल हुई कि उसका स्कूल जल गया था। ब्लैकबोर्ड और बेंच। चार्ट और किताबें। प्याऊ की टंकी पर धुएँ के अक्स थे। टंकी सूखी थी जब कि उसे तेज़ प्यास लगी थी। वह अपने सिर पर पानी डालना चाहता था। वह बहुत सारे पानी में गुम हो जाना चाहता था।

स्कूल के बीच जो बड़ा-सा पीपल का पेड़ था वह झुलस गया था और पीपल के नीचे जले पत्ते पड़े थे। यहाँ बच्चों और चिड़ियों का शोर होता रहता था। अब यहाँ पत्तों-डालों के अलावा कापी-किताबें भी जली-बिखरी थीं। उसे रोटी का झुलसा टुकड़ा भी मिला। वह रोने लगा। वह रोता रहा।

उसे लगा कि कोई और है जो स्कूल के किसी और कोने में रो रहा था। कहीं ऐसा तो नहीं था कि यह उसके अपने ही रोने की प्रतिध्वनि थी। लेकिन जब उसका अपना रोना कम हुआ भी तो उसे रोने की दूसरी आवाज़ें आती रहीं। तो वह रोने की गूँजती आवाज़ों को खोजने की कोशिशें करता रहा। ऐसा लग रहा था कि रोने वाला रो रहा था और रोते-रोते पूरे स्कूल में घूम रहा था। उसके लिए उन आवाज़ों को सहना कठिन हो गया। वह बाहर आ गया।

वे बुरे दिन थे।

एक भयानक दूसरे भयानक की जगह लेता दिखता था।

पेड़ कोयलों में बदल गए थे जबकि चूल्हों में आग ही नहीं थी।

बहुत धुआँ था।

इस धुएँ के बीच एक बच्चा एक फ़ुटबॉल लेकर घूम रहा था।

खिलाड़ी साथी की तलाश में एक बच्चे को दूसरा बच्चा मिला और दो बच्चों को तीसरा। तीन बच्चों को चार और बच्चे मिले।

लेकिन फ़ुटबॉल खेलने वाले पूरे के पूरे बारह बच्चे नहीं मिल रहे थे जो छह-छह की टीम बनाकर खेला करते थे। वे या तो मार दिए गए थे या अस्पताल में थे या ग़ायब हो गए थे, या उनके माँ-बाप उनको लेकर कहीं चले गए थे।

मैदान के बीच जाकर आसमान की ओर देखकर वे रोये।

काफ़ी देर तक वे सिर झुकाए बैठे रहे।

फिर वे खड़े हुए और उन्होंने फ़ुटबॉल खेलने के लिए दो टीमें बनाईं।

इनमें एक टीम में चार बच्चे थे और दूसरी में तीन।

वे खेलते रहे।

इस खेल को एक लड़की खिड़की से देखती रही जिसकी एक आँख दंगे में गोली का छर्रा लगने से फूट गई थी।

मनुष्य होने के बाद न होने के यत्न की दुविधा

कमला का नाम कमरुन्निसा था। लेकिन इस बात का पता उस ब्राह्मण परिवार को नहीं था जहाँ कमरुन्निसा खाना बनाया करती थी। पता उस दिन चला कि जब वह खाना बनाने के दौरान मोबाइल फ़ोन को लाउडस्पीकर मोड पर करके किसी से बात कर रही थी और उधर से

कोई कमरू-कमरू कर रहा था। परिवार को जब यह पता लगा कि कमला कमरुन्निसा है तो उनकी समझ में यह नहीं आया कि कमला का क्या किया जाए : वह कमला जो बेहतरीन खाना बनाती थी, क़रीने से पानी देती थी, काग़ज़ जैसी पतली रोटियाँ बनाती थी, और चावल ऐसा कि दाना-दाना अलग। कमला ने घंटी कभी तेज़ नहीं बजाई, दरवाज़ा आहिस्ता से बन्द किया, आटा गूँथने के पहले लाइफ़बॉय से हाथ धोया और खाने की मेज़ बहुत जतन से साफ़ की। एक बर्तन से दूसरे बर्तन के टकराने की आवाज़ को कमरुन्निसा ने ग़ायब कर दिया था। घर में भी सरों का टकराना काफ़ी कम हो चला था। लेकिन अब बड़ा सवाल यह खड़ा था कि ब्राह्मणत्व को दूषित करने की कौन सी सज़ा कमरू को दी जाए—उस कमरू को जिसे घर के हर मर्द—एक पिता, तीन बेटों, बेटों के दो मामा और ताऊ और तीन चाचाओं ने पकड़ने, चूमने और बाँहों में भरने की कोशिश की थी और कमरू ने हर एक से कहा था कि मेहनत करके रोटी कमाना चाहती हूँ, रखैल बनकर नहीं। नौकरी छोड़ नहीं सकती, रंडी बन नहीं सकती। प्रेम करने के लिए पति है जो घर में मेरी तरह ही खटकर पहुँचता है। जो बात उसने नहीं कही वह यह कि ख़तना के वक़्त पति के शिश्न में चीरा जो लगा तो संक्रमण हो गया और सर्जरी के बाद उपकरण बहुत छोटा हो गया लेकिन छोटे शिश्न वाले आफ़ताब ने शादी से इनकार नहीं किया यह सोचकर कि कुछ हो ही जाएगा। कमरुनिस्सा ने अपराधबोध से ग्रस्त आफ़ताब को धीरे-धीरे यह साफ़ कर दिया कि वह ख़ुश है क्योंकि साथी वह अच्छा है अगर दीर्घलिंगी न भी हो तो। पिस्तौल और बन्दूक़ और चाक़ू की मूँठ जैसा लिंग चाहिए भी नहीं। हमसफ़र चाहिए इसलिए आफ़ताब चाहिए। आफ़ताब का हाथ चाहिए जो किसी भी मुश्किल में थामने के काम आता था। आँख चाहिए जो उसे देखते ही चमक उठती थी। आफ़ताब दरवाज़ा-खिड़की-कुर्सी-मेज़ बनाने का काम करता था जो देखने और पढ़ने-लिखने के काम आती थीं। कम पढ़ा-लिखा होने के बावजूद उसे सभ्यता के लिए इन मानवीय क्रियाओं की अहमियत का पता था। दोनों ही मेहनत करके खा-कमा ले रहे थे। इसके बाद इच्छाओं का कारोबार भी चल निकला। कि

जैसे वे समलैंगिक हों। लेस्बियन। इस तरह एक थकी देह दूसरी थकी देह को सँभालती रही। इच्छाएँ भी सँभल गईं। उन साथी भाव वाले प्रेमानुभवों का असर यह रहा कि चुभने वाले, भाले या मिसाइल या माइक जैसे आकार वाले शिश्न को लेकर कमरू विरत होती रही। त्रिपाठी मामा वग़ैरह के पाजामे और जाँघिये से बाहर आते तह-ए-नक़ाब एरेक्शन पर वह विहँसती थी। वाह रे, महराज। इतना पोथी-पत्रा, इतनी नियम संहिता। लेकिन कितना छद्म और कितना पाखंड। कमरू का बहिनापा कामनाओं की लपट को कितनी ख़ूबी से बुझाता था, इसका पता पांडे परिवार के लगभग हर विकल लेकिन निरुपाय पुरुष को था जो घर में कमला के लिए एक छिपी हुई खुखरी लेकर घूमता था। लेकिन उस खुखरी से कमरुन्निसा को हलाल नहीं किया जा सका। कमरुन्निसा के मुसलमान होने का हल्ला सबसे ज़्यादा परदादी ने मचाया। आँगन में सारे लोगों ने कमरू को घेरा तो कमरू ने कहा कि बचे हुए पैसे लेने नहीं पाखंड को सलाम करने आई हूँ। सारे लोगों ने एक दूसरे को अपराधियों की तरह देखा। परदादी ने कहा कि खाने की मेज़ को जिस तरह से तुम साफ़ करती थीं, लग जाता था कि अपने अपराध का कोई निशान तुम नहीं छोड़ोगी। लेकिन पकड़ी गईं। कमरू ने कहा कि मेरा अपराध ब्राह्मण न होने का अपराध है और आपके पाप बाम्हन होने की गिरावट हैं।

दुर्वह विडंबना यह थी कि पांडे परिवार में शायद ही कोई चाहता हो कि कमरू घर छोड़कर जाए। वह बनी रहे, इसकी भी कोई सांस्कृतिक तरकीब फ़िलहाल उनके पास थी नहीं।

लिफ़्ट से चाँद पर पहुँचे कि नहीं

वह आदमी जो हरे रंग की ऐसी ड्रेस पहनता था जिसके मैले होने का पता नहीं चलता था और जो स्टूल पर सिर झुकाकर बैठने और सो लेने और रो लेने की भी तरकीबों से भरा था और जिसकी पत्नी गाँव से ज्वार काटते हुए फ़ोन करती थी और जो सायलेंट पर रखे फ़ोन को नहीं उठाया करता था और जो लिफ़्ट में किसी को न देखकर जब पत्नी को फ़ोन किया करता था तो उसकी पत्नी कभी-कभी फ़ोन इसलिए नहीं उठाती थी कि वह गाँव के राम सुमेर के साथ सेक्स कर रही होती थी—वह बाद में पति को फ़ोन करते हुए फ़ोन न करने का कारण न बताकर हुचुक कर रोने लग जाया करती थी कि अब यह बता दो कि कब तक नहीं आओगे।

पति राम फेर एक दूर के शहर में लिफ़्टमैन की तरह काम करता था। बटन दबाकर लिफ़्ट को ऊपर-नीचे ले जाने वाले को इस तरह के सपने आया करते थे कि उसका घर ऊपर, बहुत ऊपर, और ऊपर जा रहा है और आलाप के अवरोह की तरह नहीं, झटके से, तेज़ झटकों से विकंपित, नीचे आते हुए टूट-फूट रहा है।

वह जो चाहता था कि लिफ़्ट में कोई उसकी तरफ़ देख लिया करे और जो किसी की तरफ़ भी देखने के संकोच से भरा रहता था और जो फ़ैज़ाबाद और सुलतानपुर के रास्ते में पड़ने वाली एक हाट से सात किलोमीटर दूर के गाँव में छोटी सी गड़ही में मछली मारते हुए बड़ा हुआ और जो पाँच तक पढ़ने के बाद आगे न पढ़ पाने की वजहों को

जान गया और जो एक दिन पिता का एक चाँटा खाने के बाद पिता को माँ की गाली देकर घर से भागकर गाँव से सत्रह किलोमीटर दूर रेलवे स्टेशन से कहीं भी जाने वाली रेलगाड़ी पकड़कर निकल गया और जहाँ वह गाड़ी पहुँची थी वहाँ से मुंबई के लिए एक मालगाड़ी के गार्ड डिब्बे में इस शर्त पर बैठ पाया कि गार्ड उस छोटे से स्टेशन और महानगर के बीच में जितना चाहेगा उतनी बार उसे अपनी गोद में बैठाएगा, लिफ़्टमैन या लिफ़्ट वाले भइया नाम से बुलाया जाता था।

शहर में आने के बाद उसका नाम तो छीन लिया गया था लेकिन उसे गाँव में रामफेर, रमफेरवा, फेरइया, या लेंड़इया जैसे नामों से पुकारा जाता था। रामफेर द्वारा चालित लिफ़्ट में जब मैं दाख़िल हुआ और उसने पूछा कि आपको किस फ़्लोर पर चलना है तो मैंने कह दिया कि चाँद पर चलो।

यह सुनकर वह इतना मगन हुआ कि जैसे पृथ्वी नामक नरक से भाग निकलने की यह कोई सूरत हो और उसने हहाकर कहा अभी लो, सर।

कहानी का आदि, मध्य और अन्त चाहने वाले पूछना चाहेंगे कि हम चाँद पर पहुँच सके या नहीं लेकिन उनकी परवाह करता कौन है और उन्हें सब कुछ बताता कौन है।

एक कप चाय को पीने का डर

वह एक ऐसा दिन था जब लग रहा था कि हवा कुछ कम है, साँस लेने में दिक़्क़त हो रही है और पैर उठ नहीं रहे। उस दिन बादल कुछ डराने वाली आकृतियाँ बना रहे थे। इस तरह के सलेटी मौसम में कुछ लोग एक घर के सामने आकर खड़े हो गए।

जो घर पीले रंग से बहुत शौक़ से पुतवाया गया था, उससे एक लड़की निकली।

उस लड़की ने पूछा कि वे किससे मिलने आए हैं तो उनमें से एक ने कहा कि हम मिलने नहीं मारने आए हैं।

उस लड़की को लगा कि वे लोग मज़ाक़ कर रहे हैं। उसके अब्बू इस तरह के हँसोड़ लोगों के साथ सुबह सैर के लिए निकला करते थे जो एक दूसरे को धौल लगा दिया करते थे। बस यह था कि आज के ग्रुप के लोगों को वह पहचानती नहीं थी।

उसने अपना दुपट्टा सँभालते हुए मज़ाहिया लहज़े में कहा कि आप लोग आइए, चाय पीजिए और फिर आपको जो करना है कीजिएगा। पापा को बुख़ार भी है और वे दो दिनों से उठ नहीं पा रहे हैं।

जो लोग सात-आठ की संख्या में आए थे उन्होंने आपस में बात करनी शुरू की : क्या किया जाए। क्या मारने के पहले चाय पी जाए। क्या एक कप चाय पीने से घृणा की तीव्रता कम तो नहीं हो जाएगी।

एक कप चाय पी जाए या नहीं इसको लेकर चाय पीने के 3200 साल के पूरे इतिहास में इतना विभ्रम पहले कभी नहीं हुआ था।

सबसे बड़ा डर चाय के मानवीय बना देने वाले संवादात्मक गुण में था।

नदी और स्त्री के पानी में

जहाँ एक स्त्री नहा रही थी, उससे कुछ दूर पर मैं नहा रहा था।

नदी के बहाव के साथ उसका जल बहकर मुझ तक आ रहा था।

फिर उसकी शिकायत और उसका पसीना।

उसका अकेलापन और उसकी अधीन न होने की आकांक्षा।

उसकी इच्छाएँ और उसका विद्रोह।

मैं एक स्त्री की अग्नि में नहाता रहा।

एक स्त्री की साँस में।

एक स्त्री की अमूर्तता और ठोसत्व में। एक स्त्री के आकाश में।

एक स्त्री की असहमति और आज़ादी में।

मैं चाहता था कि प्रवाह में बहती वह मेरे पास आ जाए।

लेकिन वह भी अगर कुछ चाहती थी तो शायद यह कि प्रवाह के विरुद्ध तैरता मैं उस तक जाऊँ।

टिफ़िन लेकर बदलाव के लिए निकलना

वे पिछले कुछ दिनों से तानाशाह को हटाने के कारोबार में लगे थे।

वे सुबह ही निकल जाते थे।

यह स्वतंत्रता के लिए घर से निकलना था।

कुछ लोग टिफ़िन लेकर जाते थे।

पूरे दिन लड़ना है तो दोपहर का खाना लेकर निकलना चाहिए।

लेकिन यह शाम को न लौटने के लिए जाना था।

यह तीसरे दिन भी न लौटने के लिए जाना था।

यह बदलाव के लिए मारे जाने के लिए जाना था—शहर के चौक की तरफ़ दोपहर का खाना लेकर।

नागरिक

उस आदमी ने चाँद को साथ देखने का न्योता दिया। यह तारों को देखने का न्योता भी था। लेकिन बाद में यह लगा कि यह अँधेरे के बीच से गुज़रने का आमंत्रण था। मैं उसके साथ चल दिया।

कुछ दूर चलने के बाद नदी आती थी। उसने अँधेरे में रोते हुए कहा कि दुनिया का सबसे ज़रूरी काम है इस नदी को साफ़ करना। उसने कहा कि आओ, इस नदी का दुःख जानने के लिए इस नदी के पास और फिर इसके भीतर चलें। यह नाव उठाकर पानी में रखने में तुम मेरी मदद कर दो।

यह नदी में दूर तक जाने का आग्रह था और यह प्रमाण इकट्ठा करने की कोशिश कि एक लोटा पानी में एक नदी समाई होती है।

फिर हम शहर के बाहर गए—मक़सद था कि एक पेड़ के पास जा सकें। हमने पत्तों के बीच से आसमान को अपनी तरफ़ देखते हुए देखा।

एक रात उसने कहा कि चलो, एक भूखे आदमी के पास खाना लेकर चलें, और फ़ुटपाथ पर सोने वाले से उसकी कहानी सुनने और एक किसान से अच्छे बीजों के ग़ायब होने का दुःख जानने। एक आदमी से किसी बहाने पूछ लें कि उसे पिछली रात नींद क्यों नहीं आ सकी या किसी आदमी की दरकी चप्पल की मरम्मत शुरू कर दें।

उसी ने एक दिन यह भी पूछा कि मनुष्य के मेहनत करते, खाना खाते और प्रेम करते तीन दृश्यों में से किसे सबसे अच्छा माना जाए।

इंडिया गेट

मुझे लग गया कि इंडिया गेट से होकर मैं हिन्दुस्तान में दाख़िल नहीं हो सकता।

अगवानी

बहुत दिनों से मेरे दोस्त के आने की बात होती रही थी।

हम पता नहीं कितने सालों के बाद मिल रहे थे।

मैं स्टेशन पर अपने दोस्त को लेने के लिए पहुँचा।

क़रीब पंद्रह डिब्बों की रेलगाड़ी से सैकड़ों लोग निकले।

मैं उन लोगों में अपने दोस्त को ढूँढ़ता रहा।

वह उस ट्रेन से नहीं आया था लेकिन दिखा वह कई बार।

कई बार लगा कि वह दिखा वह और फिर यह लगा कि वह दिखा वह।

तो अब जो भी था मेरे दोस्त जैसा था।

सैकड़ों दोस्त थे जो रेलगाड़ी से उतरे थे।

मुझे लगा कि जितने भी लोग रेलगाड़ी से उतरे थे मैं सबकी अगवानी के लिये वहाँ आया था।

मैं सैकड़ों दोस्तों को साथ लिये स्टेशन के बाहर आ रहा था।

पहुँचने की जगह

जला देने के बाद जैसे बचती होगी बस इस तरह की वह बस थी।

ख़त्म होने के बाद जैसे बचते होंगे लोग इस तरह के थे उस बस के यात्री।

जिस तरह से वह बस चली उससे नहीं लगता था कि यह बस कहीं जा भी रही होगी।

जिस तरह से लोग उतरते जा रहे थे उससे नहीं लगता था कि उन्हें वहीं उतरना था जहाँ वे उतरे थे।

मुझसे कंडक्टर ने पूछा कि कहाँ उतरना है तो मैंने कह दिया सुवर्णरेखा पर उतार देना।

कंडक्टर ने कहा यह तो नदी है और ऋत्विक घटक की फ़िल्म।

मैंने कहा मुझे नदी और ऋत्विक की फ़िल्म के आसपास उतार देना।

□□□

हेम ज्योतिका

चित्रकार

मनुष्य होने के संस्मरण का आवरण और पृष्ठावरण हेम ज्योतिका ने बनाया है। किताब में प्रयुक्त अन्य चित्र भी उनके बनाए हैं। दिल्ली कॉलेज ऑफ़ आर्ट से कला की विधिवत् पढ़ाई करने के बाद से जो काम वह कर रही हैं, उसमें हमारे समय की राख और चोटों के निशान ख़ूब दिखते हैं। बहुधा पुरस्कृत ज्योतिका के काम दुनिया के अन्य देशों में भी जैसे बुल्गारिया, चीन, इंग्लैंड, इटली, तायवान, संयुक्त राज्य अमेरिका, कनाडा वग़ैरह में प्रदर्शित हुए हैं और समादृत हैं। रंग, चारकोल, एक्रिलिक, स्याही, प्रिंट, पेंसिल, कबाड़ जैसे तरह तरह के माध्यमों के ज़रिए ख़त्म की जाती लेकिन बचती हुई दुनिया के आभास और आहटें उनके आकारों में हैं। उनके कामों में विकल देहानुभवों के बिंब अलक्षित नहीं रह जाते। बाज़ार से लापरवाह, तेजस्वी और सतत विपक्ष ज्योतिका ने यातना और विडंबना के भारतीय दृश्यों से अपनी नज़र नहीं हटाई और यहाँ से वहाँ पहुँचा देने वाले व्यावसायिक प्रवाह में अपने को फेंक नहीं दिया। दृढ़ रहने की यह ज़िद, करुणा का गहरा बोध और सृष्टि को लेकर उन्हें घेरता विस्मय उनके चित्रों में अनुस्यूत है। इसीलिए वह देवी की अन्य कथाओं की संगत में हमक़दम रहते हुए बाज़ दफ़ा आगे भी निकल जाती हैं।